高齢者の
交通戦争

原 正則
HARA Masanori

文芸社

まえがき　――街の中は高齢者だらけ

定年退職して長い会社生活に終わりを告げ、会社組織から解放されてようやく時間に拘束されることなく、自由な生活を送れるようになりました。

通勤にしろリモートワークにしろ仕事をしていた日々は、ウィークデーに自分の住んでいる近所の街に出歩くことなどなく、毎日見てきたのは出勤時の朝の風景と、通勤通学のない休日の街並みだけでした。自由な時間が持てるようになって、ちょっとだけ年寄りになった気分を味わいながら、これまで見ることのなかったウィークデーの近所の街を歩いたり自転車やクルマに乗ったりする機会が増えました。

そこで改めて街の様子を観察していると、この身近で静かな街の中の行き来にも「危ない！」と感じる場面や、好プレー・珍プレーで間一髪で危険を回避している場面がそこらじゅうに発生しているのを目の当たりにしました。特に、街の中をゆっくり歩いている高齢者にとっては、まるで無法地帯の中にいるように感じる場面もあります。

ウィークデーの街は、朝の通勤や通学の人通りが一段落した頃、近所を散歩する高齢者の登場から始まります。夫婦二人で歩く人、杖を使いながらゆっくり歩く人、ペットの犬を連れて歩く人など状況は様々で、昼近くになると買い物で自転車に乗って走る高齢者も増え、この街にはこんなに高齢者が多くいたのかと驚くほど、高齢者であふれ返る街に様変わりします。まさに「超高齢社会」の言葉どおり、日本の縮図がこの街に描出されるのです。ビジネスの中心で若い人の活気があふれる都心とは異なり、近郊の住宅街は別世界のような光景が広がります。

高齢化した人が歩いたり、自転車に乗ったり、或いは高齢者自身が運転するクルマが、この国の典型的な狭い道路（いわゆる生活道路）をお互いに上手にぶつかることのないよう曲がりながら走り抜けて行きます。そして、若い人が運転する宅配や営業のクルマなども、狭い生活道路に溶け込むように走っています。

そんな中を筆者がゆっくりと歩いていて何が危ないと感じるか、それは多くの場合、走ってくるクルマや自転車が「速い」「近い」「どちらに進むのかわからない」ということです。早くそれらに気付くことができれば、歩いているこちらが道路の端に避けて止まることもできるのですが……。

こんなに狭い道路ばかりの街の中で、よく接触や衝突などの事故が起きないものだと感心してしまいますが、実際のところはどうなのでしょうか？　みんなお互いに巧みに避ける、ぎりぎり接触直前で回避する、などで安全を確保しているのでしょうか？　横をすり抜けて走って行くクルマに恐怖を感じたりしないのでしょうか？

本書では、日頃、発信の少ない高齢者の立場・視点から（一人の高齢入門者のつぶやきとして）、近所の生活空間における交通実態を注視してみて、こりゃあ少し住みづらいのではないか、少し危険なのではないか、と思う事例と改善対策などを提案してみたいと思います。それは住民全体が安心して行き来できる高齢者にもやさしい街づくりを目指していけたらと願うからです。

目次

3　ちょっと自転車で近所まで　61

4 クルマを運転していると　81

5 未来への期待

1

いつか行く道

高齢者というもの

人間誰しもある時から老いを感じ始めるものです。物理的な面、精神的な面いろいろあるでしょうし、老いを感じ始める年齢も人それぞれでしょう。一口に高齢者と言われても、年齢による区切り以外に明確な定義があるわけではありません。長い人生を無事に生き抜いて現在に至り、その過程の中でいろいろな経験をしたり社会に貢献したりしてきたわけで、家族だけでなく世の中のみんなに祝福された「高齢者」として現在を生きるべきであって、交通事情で邪魔者扱いされるようでは困ります。

一方で筆者の知る一部の高齢者には、若い時はそうでもなかったのに、困った老人になった人が少なからずいます。いくつか例を挙げると、

- 周りが危ないと言っても聞かない
- 自分だけは大丈夫と思い込んでいる

・頑固で、学習しようとせず、改善・修正ができない
・周りが遠慮していいことしか言わない、本当のことを言わないでいると、それを鵜呑みにしてしまう

つまり、自分が劣ってきたことに気付かない、或いは気付きたくなく（認めたくなく）、気付かぬ振りをしている、年功序列社会にどっぷりつかったまま退職して周りは自分の言うことを聞くものだと勘違いしている等々。

もちろん不幸にして、病気を患うことも増える年代で、視力が落ちてきた、耳が聞こえづらい、歩くのがつらくなってきた、など、交通安全面で本人も周りの人たちも気を遣う必要が出てくる年代でもあります。

そういう年齢になって、街中を歩行する時、運転する時に老いを感じたらどうしますか？「おっと危ない！　ちょっと不注意だったかな」と思う。「何でだろう？　おかしいな」と思いながら次は注意しようと反省する。このままではいけないと思って、体力増強と同じように様々なトレーニングをして鍛え直す人がいるかもしれませんね。

冷静に再発防止方法を考えたり、家族に相談するのもいいかもしれません。

人間は放っておくと慣れてしまうものです。老いに慣れていくのは必要なことでしょうが、交通安全面では「おやっ？」と思うことに慣れてしまっては、危険度はどんどん高まってしまうでしょう。


また、最近の若い人たちはもしかしたら「高齢者」という人たちを知らないのでは？　と思うことがあります。生活スタイルが核家族化してから久しいので、日々の生活の中に老人（年寄り、高齢者など呼び方はいろいろですが）がいないのではないでしょうか？　高齢の祖父母がいても一緒に住んでいないため、高齢者が日々どういう生活行動をとっているのかを知ることは難しいと思います。若い人たちにとって、老人は別世界の人になっているのでは？

学校でも企業でも定年退職近くの60歳前後の人が最高齢で、いわゆる高齢者は普段近くにおらず、接する機会もありません。だから80歳、90歳の高齢者が普段どういう言動をとるのかわからないと言っても過言ではないでしょう。

高齢者予備軍にあたる現在は比較的若い人たちも、現在の高齢者たちも、みんな同じ街に住んで、日々の生活の中でお互いの年齢など意識することもなく接近し、すれ違っているのだと思います。お互いに話をすることもなく、朝晩の挨拶程度では、高齢者の話しっぷりや考えていることなど聞く機会も全くないし、行動様式など知る由もないでしょう。だから、自分が将来高齢者になったら……とか想像することもできないのです。しかし、10年、20年、30年と経っていくと、みんな確実に高齢者になるんです。

新しい交通戦争が起きつつある

日本で「第一次交通戦争」と叫ばれた1960年代後半は、ようやくクルマが庶民にも普及し始めたものの、その庶民の大半は老いも若きもクルマそのものに慣れていない、信号機や横断歩道など道路も未整備、周りに運転免許を持っている人が少ない、交通安全について学ぶ機会もない、安全意識も低かった、等々、交通事情にはマイナスの要素が多かった時代です。しかしその後、走るクルマの台数はどんどん増えてゆき、クルマ同士、クルマと人や自転車との事故は当然の結果として増えてしまいました。救急医療や救命措置も進歩過程の中、命を落とす人も増えた時代です。

(1970年の自動車保有台数は1650万台超、運転免許保有者数は2600万人超、交通事故死傷者数は99万人超)

クルマの急増に対して、遅ればせながら安全教育、道路環境整備、取締り強化などが行われて、1971年頃から死亡者数は減少に転じました。しかし、この狭い日本の道路に十分な歩道やガードレールを設置することは、現在に至っても難しいと言えるでしょう。

一旦減少した死亡者数が1980年から再び増加に転じ、1988年から連続して1万人を超える事態となって、「第二次交通戦争」が叫ばれ始めました。現在の70歳を超える人たちが40歳そこそこだった頃ですが、この頃になると周りのみんなが運転免許を持って自家用車を乗り回し、一定の交通ルールが定着して、運転技術やマナーも向上していたと思いますが、それでも交通事故数は増えていました。

（1988年の自動車保有台数は5200万台超、運転免許保有者数は5700万人超、交通事故死傷者数は76万人超　※自動車保有台数には貨物車、自動二輪車等を含む）

いろいろな原因分析もあるようですが、子供の頃からクルマが身近にあって、運転免許を取得したらあこがれのクルマを買って走り回りたいという若者が増え、クルマの性能が向上し、カッコイイクルマも次々と登場して、生活の中にクルマは欠かせない道具になってきた時代でした。一方で、法令違反、マナー違反が増加し、安全教育

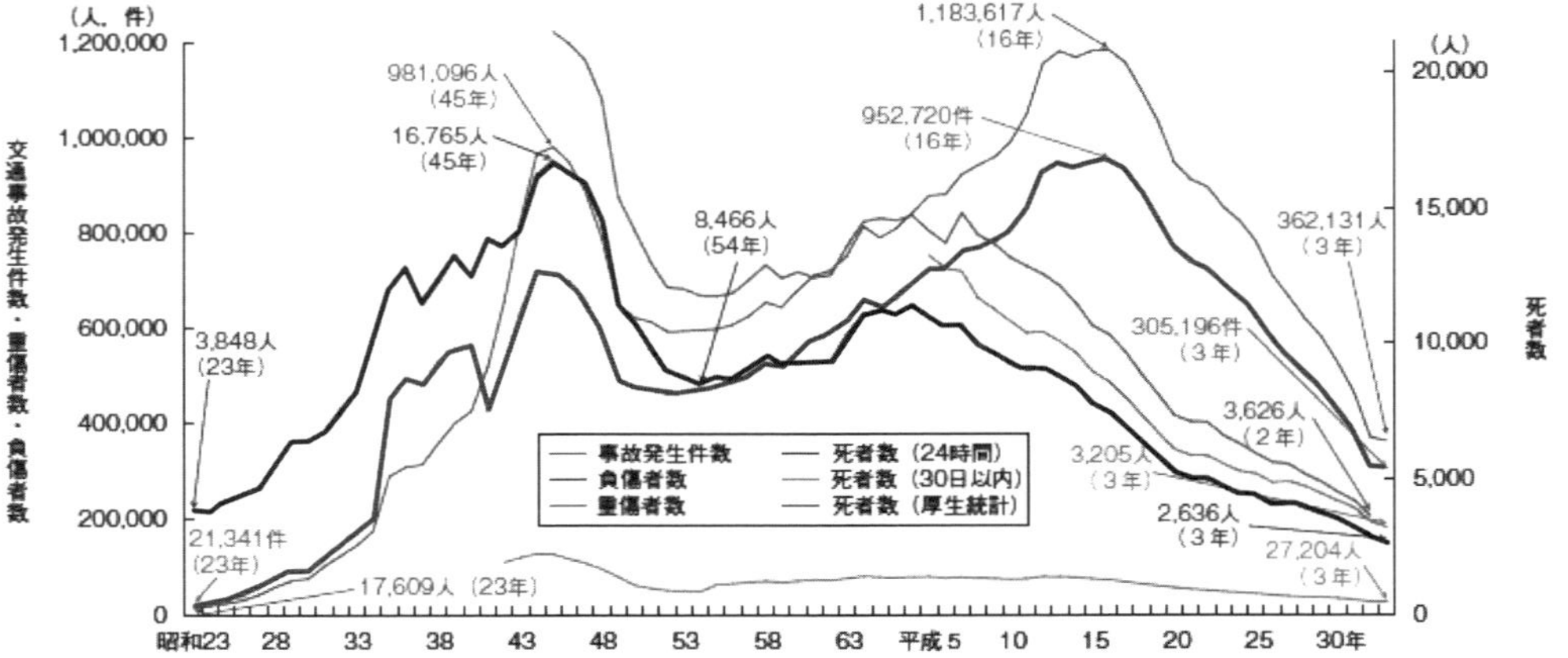

注　1　警察庁資料による。
2　「死者数（24時間)」とは，交通事故によって，発生から24時間以内に死亡した者をいう。
3　「死者数（30日以内)」とは，交通事故によって，発生から30日以内（交通事故発生日を初日とする。）に死亡した者をいう。
4　「死者数（厚生統計)」は，警察庁が厚生労働省統計資料「人口動態統計」に基づき作成したものであり，当該年に死亡した者のうち原死因が交通事故によるもの（事故発生後１年を超えて死亡した者及び後遺症により死亡した者を除く。）をいう。
なお，平成６年以前は，自動車事故とされた者を，平成７年以降は，陸上の交通事故とされた者から道路上の交通事故ではないと判断される者を除いた数を計上している。
5　昭和41年以降の交通事故発生件数は，物損事故を含まない。
6　死者数（24時間)，負傷者数及び交通事故発生件数は，昭和46年以前は，沖縄県を含まない。

道路交通事故による交通事故発生件数、死者数、重傷者数及び負傷者数の推移や交通取り締まりが追い付かない状況になっていたのかもしれません。

「第二次交通戦争」以降は安全なクルマ社会を目指して、国の対策も次々と出されて部分的には効果が上がり、近年では交通事故の死傷者数は減少していると言われています。クルマの乗車全員のシートベルト装着やチャイルドシートの義務化など、走るクルマ側のルールが強化されたほか、救急救命体制の充実、医療技術の向上、携帯電話の普及で救急車到着時間の短縮などにより、死者数は減っています。しかし一方で、種々の交通違反者数は十分減っておらず、本当に安全で安心な世の中になってきているのかどうか疑問です。

（2021年の公表数値では、交通違反摘発件数が677万件超、交通事故件数は14万件超、死傷者数は36万人超）


事故件数の数字は減少していると言われていますが、本当に現実の状況を表す数字になっているのでしょうか？　警察には届け出ていないけれど、危険を感じてぎりぎり避けることができた事故直前回避件数（ヒヤリとした・ハットした件数）は今でも相当多いのではないでしょうか？　警察が取り扱う交通事故は、定義上「人身事故」と「物損事故」に区分されているらしいのですが、件数が高止まりしている（と思われる）物損事故の統計数値は１９６６年以降公表されていません。人身事故には至らなかったが直前に回避できた件数なども含め、「事故」の総数を推定するなら、おそらく安全で安心できるような状況になってきたとは言えないと思います。特に子供や高齢者のような弱者にとっては。

（2020年の自動車保有台数は8200万台超、運転免許保有者数は約8200万人、交通事故死傷者数は37万人超）

世の中の交通安全とは、クルマを運転する人のことだけ考えていればよいわけではなく、歩く人、自転車に乗る人、その他道路を利用する人たち全員が、老いも若きも一定のルールを守って行動して初めて保たれます。ところが、多くの場所で高齢化が進み、これまで保たれていた安全秩序が少しずつ崩れてきて、結果的にルールを守ることが難しくなる時代になってきたように思います。

水面下の事故と高齢者対策

企業の中にいると、安全・品質管理の業務において、ハインリッヒの法則というものをよく適用して考察します。この法則では、重大な事故1件の裏側に29件の軽微な事故が発生していて、さらに事故には至らないが３００件のヒヤリ・ハットする事案が発生しているというものです。よく報道されるような意図的にデータ不正をするような企業ではこの法則を適用することは不可能でしょうが、きちんと管理されて社員教育もしっかり実施されていても、ヒヤリ・ハットが皆無ということはないということです。

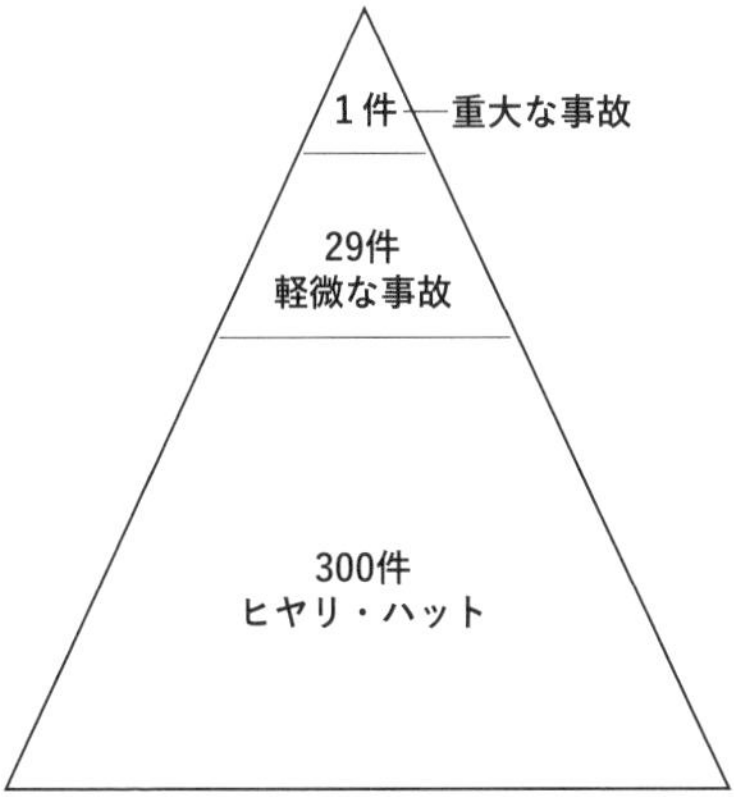

ハインリッヒの法則

そこで、交通事故件数にハインリッヒの法則をあてはめて考察すれば、事故として通報・公表はされていないがヒヤリ・ハットした件数は依然として相当数発生しているものと推定されます。この法則は、企業のようにしっかり社員教育して日々の業務を管理している場合の法則であって、一般の人たちを対象に考えればヒヤリ・ハットする事案はハインリッヒの法則の３００件どころではないような気がします。

確かに筆者のこれまでの人生でも、道路を歩いたりクルマを運転したりしていた時、事故には至らなかったもののヒヤリ・ハットしたことは多々あります。この国に住んで生活している人なら誰しも、都会も田舎も関係なくヒヤリ・ハットした経験はお持ちでしょう。

さて、運転免許を取得する際には、安全運転のために多くのルールを学ぶわけですが、一旦免許を取得したら、安全教育を受けるのは免許更新の時だけです。企業に就職して業務でクルマを運転する場合などは、社内教育として厳しい安全運転教育を受けることもありますが、通常の場合、20代で運転免許を取得すれば、70代までの50年間自分流を続けて、若い頃の自分流が習慣化していきます。高齢になってからその誤った習慣を改めなさいとか、新しいルールを学びなさいとか言われても、なかなかできるものではないでしょう。

ところが、交通ルール（道路交通法など）は頻繁に変更されたり新規に制定されたりしています。残念ながら一般の国民（運転免許を持つドライバーだけでなく自転車に乗る人や歩行者）は、いちいち細かなルール変更を認識する機会は少なく、教育を受ける機会はほとんどありませんね。

最近の大きなルール変更で筆者も気を付けないといけないなと思い記憶にあるのは、運転中の携帯電話の通話禁止・厳罰化とか、自転車の片手運転（携帯電話使用や傘さし運転）禁止とかくらいです。高齢者になってから最近ルールが変わったんだと言われても、なかなか追随できない！　残念ですが……。

そして今、高齢者の運転が社会問題としてとりあげられています。ブレーキとアクセルの踏み間違い、高速道路だけではなく道路の逆走などによる事故の報道をしばしば目にするようになりましたが、それらはほんの一部の事故報道であって、ハインリッヒの法則にしたがって推定すれば、報道の30倍以上の軽微な事故や300倍以上のヒヤリ・ハットが身近で発生しているということになります。

高齢者だからみんなこうなるわけではないし、多少若くても間違うことはあるでしょうが、やはり危険に気付くのが遅れるとか頑固に自分は間違っていないと思うなど、高齢者特有の状況判断や回避動作が事故につながりやすい可能性は高くなるでしょう。「自分はまだ大丈夫だ」と思っている人ほど危険なので、常に「もしかしたら自分はもう危ない年齢かもしれない」と思うことこそ大事なのでは？

そこで75歳以上の高齢者には、2022年5月から免許更新の際に認知機能検査を受けるとか、一定の交通違反歴がある人は運転技能検査も受けるとか、そして検査結果によって免許更新ができないことなどが法令化されました。

高齢が原因で事故が増えるようになった今、運転技術や判断能力を検査してふるいにかけるのは、ある意味仕方のないことでしょう。また品質管理の話になりますが、品質を上げるために企業が努力しているのは「品質を作り込む」ことです。企業において品物やサービスの「検査」を強化すれば、不良品が出荷・提供されることは防止

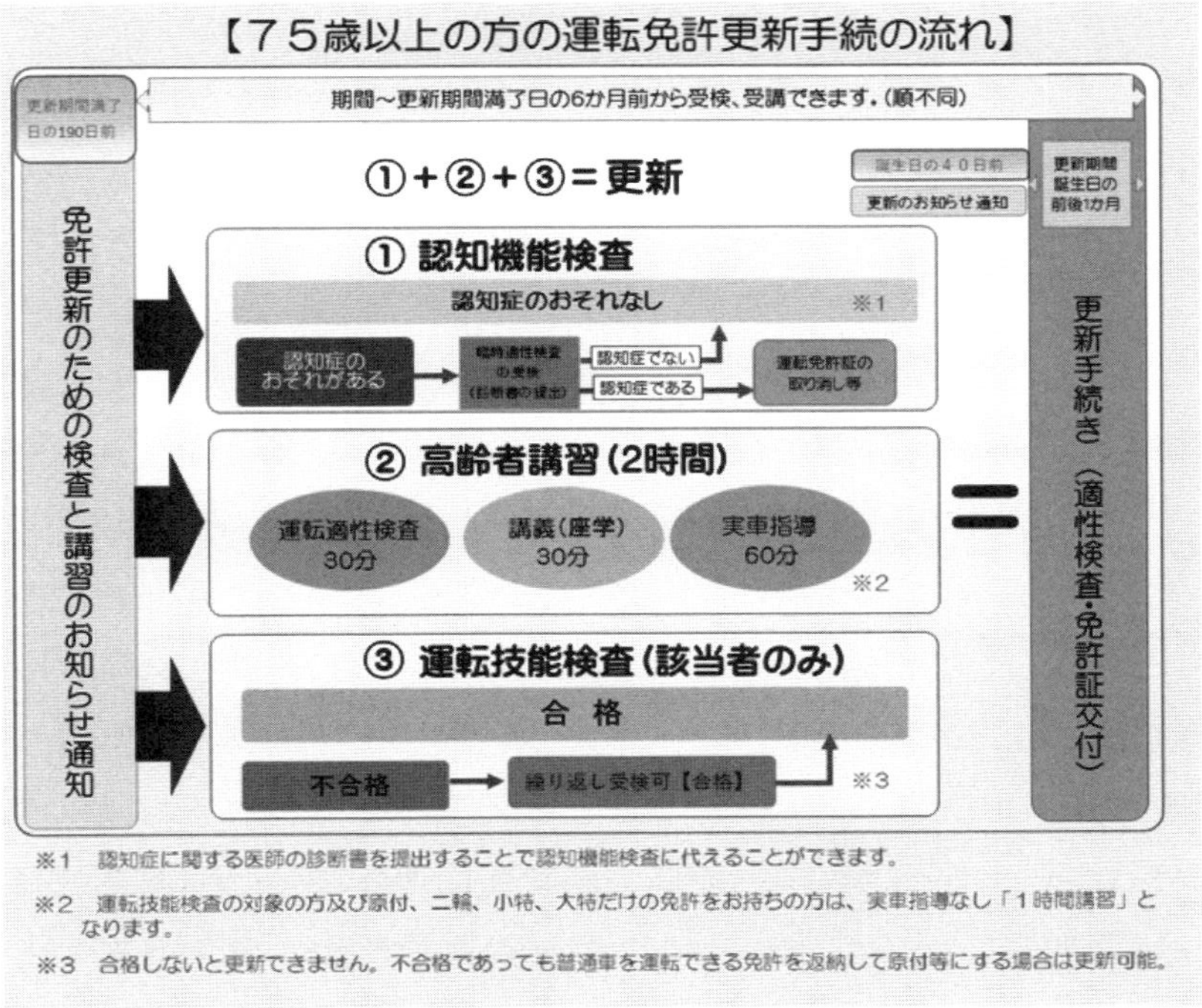
【75歳以上の方の運転免許更新手続の流れ】
更新期間満了日の190日前
期間～更新期間満了日の6か月前から受検、受講できます。(順不同)
免許更新のための検査と講習のお知らせ通知
①＋②＋③＝更新
誕生日の40日前
更新のお知らせ通知
更新期間 誕生日の前後1カ月
① 認知機能検査
認知症のおそれなし
※1
認知症のおそれがある
臨時適性検査の受検（診断書の提出）
認知症でない
認知症である
運転免許証の取り消し等
② 高齢者講習（2時間）
運転適性検査 30分
講義（座学） 30分
実車指導 60分
※2
③ 運転技能検査（該当者のみ）
合　格
不合格
繰り返し受検可【合格】
※3
更新手続き（適性検査・免許証交付）
※1　認知症に関する医師の診断書を提出することで認知機能検査に代えることができます。
※2　運転技能検査の対象の方及び原付、二輪、小特、大特だけの免許をお持ちの方は、実車指導なし「1時間講習」となります。
※3　合格しないと更新できません。不合格であっても普通車を運転できる免許を返納して原付等にする場合は更新可能。

高齢者の運転免許証更新の説明（警視庁Webサイト）

できますが、検査は不良品や欠陥サービスを作らないことには貢献しません。「品質は作る工程で作り込むのだ」と我々企業人は教え込まれてきたものです。つまり、国の政策（免許更新手続きで不適格者をフィルタリングするなど）は、いわゆる検査で不適格品を取り除く施策で、決して品質を上げる施策ではないと思います。検査をいくら厳しくしても品質は向上せず、不良品はどんどん生産されるというのが常識。教育・訓練と日々の改善がどの世界でも必要なのです。

だから、交通安全（品質）の向上を図るのなら、安全意識を作り込む（習慣化する）ことが必要ではないかと考えています。そのための対策の一つが教育だと思いますが、高齢になってから教育を受けても、「自分は何十年も大した事故などやっていない」とか、「十分な経験を積んできたので大丈夫」とか、「今さら教わっても実際面では変えられない」とか、高齢者の多くはネガティブな発想ばかりしてしまうものです。それらもある意味事実で、それまで蓄積してきた経験や習慣化したものは簡単には変えられるわけがありません。つまり、若い時から繰り返し教育し、安全手法を習慣化しておくことが重要ではないでしょうか。

2

近所を歩いていると

生活道路を歩く

近所の狭い道路を散歩しながら前方を見ると、老人が背中を曲げてとぼとぼと道路の真ん中を向こうに歩いている。そこへこちら側から自転車がその老人に向かって後ろから迫って行く。老人はまだ道路の真ん中を歩いている。あの自転車は老人の右か左か、どちらから追い越すんだ？　老人は全く気付いていない。あっ、自転車が「チリン」とベルを鳴らした。老人には聞こえていない？　自転車がどんどん近付いて行く。右か左か。ルールどおりなら、歩行者は右、自転車は左側通行なので、何の支障もなく自転車は老人の左側を追い越して行けるのだが……。自転車はギリギリ接触せず、老人の左側をすり抜けて行った。老人はびっくりして立ち止まり、あわてて右へ寄る。そんなに急に動いたら腰痛が再発してしまう！

——と、一部始終を見ていたこちらがヒヤリ・ハットしてしまいました。

生活道路はそんなに道幅が広くないのに、道路上にはいろいろな障害物があって、安全でスムーズな通行を邪魔しています。電柱あり、住宅の庭からはみ出た樹木あり、商店の看板やのぼりあり、路上駐車のクルマあり。4m道路でも5.5m道路でも、右側をまっすぐ歩くことすら難しい箇所がいっぱいあります。

しかし、歩行者の基本は右側通行なので、右側歩行を習慣化していれば、障害物があっても注意しながら道路の右をキープして、後ろから来る自転車やクルマをうまくやり過ごすことができるものです。左側通行の自転車やクルマなら前から来るので、そりゃあ前を見て歩いているのだから、自分の眼で見て適切に判断・回避できるでしょう。ゆっくり流れている生活道路では、人や自転車が基本的なルールさえ守って通行していれば、クルマが走ってこない限り安心して歩けるのですが……。

ところで、駅の構内や地下道などでは、なぜか左側通行を推奨しているところがあります。それぞれに左側通行を指示する根拠はあるのでしょうが、一般道路と違うルールを設定されると高齢者だけでなく利用する人たちみんなが混乱する元になります。最近、近所を歩いていても、なぜか左側を歩く人が多いのです。彼らはおそらく右だ、左だと意識しないように習慣化されているのかもしれませんが……。

電柱については、電力や通信などのケーブルが地中に埋設されれば道路上から電柱もなくなって、通行する人たちは道路幅いっぱいに非常にゆったりと有効に使えるのですが、我々高齢者が生きている間に近所の生活道路でケーブルがすべて地中化されることはまずないでしょう。この先何十年もかけなければ、この国の道路上から電柱が消えることはないかもしれませんね。だから、道路上の電柱を安全に避けて通る行動として、必ず前後を確認（特に後方）してから道路の中央側にはみ出すことを、小さい子供の頃からしっかり習慣化しておく必要があるでしょう。

住宅の庭からはみ出た樹木も、通行の邪魔になっていることが多々あります。少しだけ道路側にはみ出しているくらいなら、緑のある街並みの一つの景観として好ましい場合が多いのですが、通行するのに道路中央側に大きくはみ出さないと通れないとか、小さな交差点の角に樹木があって曲がった先が全然見えないとか、また枯れた木の固い枝がちょうど歩行者（老人や小学生）の高さに飛び出しているとかを見かけることがあります。生活道路側に植栽している住民の責任として、通行する人や自転車の安全管理にも配慮してもらいたいものです。ところが、そこの住民もまた高齢化していて気付いてくれない……問題です。

もう一つ事例を。

近所の道路を老人二人が話をしながら、やはり道路の真ん中をゆっくりと歩いている。と、後ろからクルマが迫って行った。クルマの前を人が歩いているので、クルマは当然ゆっくりゆっくりと近付いて行く。あっ、やっと二人の老人はクルマがすぐ後ろに迫って来たのに気が付いた。そして……老人二人はそれぞれ左右に分かれてクルマを避けようと道の両端で立ち止まった。

　クルマを運転する人ならこの事態、どっちか片側に寄ってくれよ……と思うのだが、老人にはわからないらしい。左右の老人は立ち止まったまま、クルマが通過するのを待つ。クルマの幅のことなど眼中にはないらしい。狭い道路で左右に人が立っているので、クルマが通過するのに十分な幅はなく、結局クルマも止まらざるを得ない。ウーン、どうする？　ドライバーがクルマの窓を開けて、老人にどちらか一方に寄ってよ……と言うしかない！　もしクラクションを鳴らそうものなら、老人は驚いて腰を抜かすだけでクラクションの意味は理解できないでしょう。

――「もう、右でも左でもいいから、道路の真ん中だけは歩かないようにしておくれ！」と言いたいところです。「人は右、クルマは左」と昔から教えられてきたのは、クルマや自転車と歩行者がこの国の狭い道路を共有するための、合理性をもった基本ルールだと思います。

さて、脇道から少し幅広の車道に出る時など、昔から「右見て、左見て、もう1回右見て」と教え込まれてきました。なぜ右が先なのか、なぜ右が2回なのか。それは自転車やクルマは左側通行なので、車道に出る時、一番速く右側から走ってくるのが自転車やクルマ。速いスピードで右側から迫って来るので、左側を確認した後もう1回右を確認すべし、というのが教え込まれてきた理由だと私は考えています（遠い昔の教えられた当時、その理由まで説明を受けたかどうか記憶していませんが）。

やっぱり道路の真ん中はもちろん、左側も歩くことを避けて、歩行者は基本的に右側を歩くべきと主張します。

横断歩道

横断歩道を渡る時、道路の端に立ってクルマが通り過ぎるのを待っていると、多くのドライバーはクルマを止めて渡り終えるのを待っていてくれます。渡る時、ドライバーにちょこっとお礼の動作（手を上げるとか、目で挨拶するとか、軽く頭を下げるとか）をします。このコミュニケーションがお互いを気持よくさせてくれます。止まってくれたドライバーの高い人間性にも尊敬の念をおぼえます（法律ではクルマ側が止まることになっていますが）。

普通ならこうなのですが、地域によって、クルマによって、ドライバーによってはなかなか止まってくれません。そういう時は辛抱強く、安全に渡れるようになるまで「待つ」しかないです。しかしこの「待つ」という動作ができない人がいるんです。クルマが迫って来ているのに強引に渡る人……クルマが速度を落としてくれることを期待しての行動でしょうが、こんな危険なことを普段からやっているようでは、高齢者となってからも平気で同じような行動をとることでしょう。高齢になったその時、本人の感覚より実際の動作は明らかに遅くなっているし、クルマを見る動体視力も落ちてくるので、横断するタイミングと動作は最悪の状態で危険度は一層高まってきます。さらに、横断歩道を急いで渡ろうとして、最初は小走りで渡り始めるのですが、半分くらい渡るともう渡り終えたと思うのか、途中からゆっくり歩き始める人が高齢者には多く見られます。もしかしたら、道路の半分くらいまでしか急ぐ元気が持たないのかもしれません。

クルマが迫っているのに気付いていれば、クルマ側との駆け引きを始めなければいけません（クルマに気付いていないとしたら、もうアウト！）。クルマがそのままのスピードで迫ると危険！　余裕ある運転をしているドライバーならアクセルペダルの右足を外す、ブレーキを踏む（ブレーキは右足を10㎝ほど左へ動かすだけ）くらい簡単にこなして、双方ともに安全に通過できるのですが、たまたま前を見ていない、右足を10㎝も動かしたくないドライバーが来たら、もうアウト。そして事故に、或いは急ブレーキでギリギリで停止となるのです。高齢者にとって、目の前に迫って来たクルマが急ブレーキで止まるだけで、びっくり仰天して精神的によくないでしょう。ましてやクラクションを鳴らされても、もうどうにもできないのです。

物理的には、道路はどこででも渡る（横断する）ことができるので、横断歩道のないところを渡る人も少なからず見かけます。左右をしっかり見て自転車もクルマも来ていないことを確認してから、さっさと道路を横断するのなら誰にも迷惑をかけず、渡る本人も事なきを得て渡ることができます。ところがこの人がだんだんと歳をとっていくと、左右確認もおろそか、歩いて渡る速度もゆっくり、走ってくるクルマの速度を判断する感覚も鈍くなり、クルマとの駆け引きをミスするのです。若い時から横断歩道のないところを平気で渡るクセのある人は、歳をとってからも平気だと思って危ない道路を渡ってしまう。危険極まりない。そうならないように、若い時から必ず横断歩道を探してでも渡る習慣をつけておけば、老人になってからでも「必ず横断歩道を渡る」習慣が自分の身を守るために威力を発揮することでしょう。

加えて道路横断のことを書いておくと、道路を直角方向に渡らず斜めに渡るクセのある人は要注意。斜めに道路を渡ると、意外に時間がかかるものです。中学生になれば45度の直角二等辺三角形の場合、長い方の辺の長さは約1.4（$\sqrt{2}$）倍ということを知っているはず。つまり、まっすぐなら5秒で渡れる道路でも斜めに渡ると7秒かかり、時速40㎞で走ってくるクルマなら、この2秒差で11ｍも早く近付いてきます。クルマが走っている道路の横断は、危険な道路上に滞留する時間をなるべく減らして、素早く直角方向に渡ってしまうということも習慣づけておく必要があるでしょう。

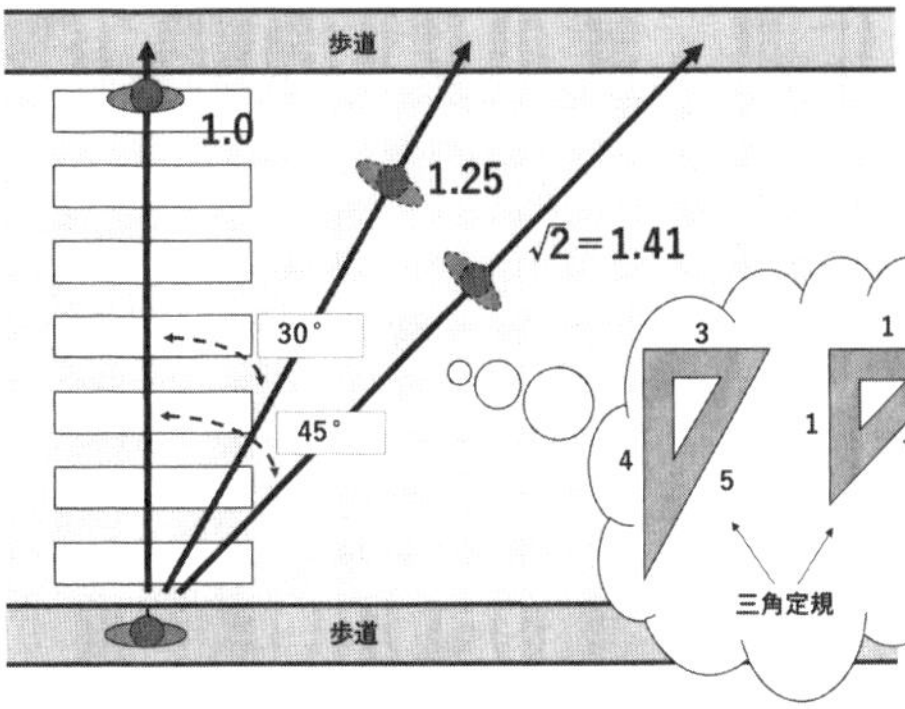

横断歩道を渡る

　近い将来、自動運転が実現されれば、安心して道路を横断できるようになると思っている人がいるかもしれませんが、一部のクルマが自動運転に変わっても、一斉に変わることはなく、大半のクルマは今までどおりでしょう。歩行者にとって安心できる自動運転時代はもっと先の話で、今の高齢者が生きている間には実現しないと考えて間違いないでしょう。クルマの進化に期待するのではなくて、高齢者自身が自分の安全のために意識を持って気を付けるしかないのです。若い時からよい習慣を身に付けておくことが、自分の身を守るためには重要です。遠ぉぉい将来に自動運転が普及すると、クルマ側が危ない歩行者を発見・検出して急停止して危険を回避してくれるかもしれませんが、眼前に迫ったクルマが急ブレーキで停止しても、高齢者はヒヤリ・ハットして精神面ではよろしくない！　それとも早めに余裕を持ってクルマ側が判断して、ゆっくり停止してくれることは可能になるんでしょうか？

また、渋滞や信号待ちで止まっているクルマの直前直後を、何の合図もせずに横切る人をよく見かけます。そういう場所では、クルマが一時的に止まっているに過ぎず、すぐに動き始めるので、ちゃんと「直前を横切りますよ」との意思表示をドライバーに伝えてから渡るのがマナーでしょう。人とクルマとのコミュニケーションの基本です。老人になってからやれと言われてもできる行為ではありませんから、これも若い時から注意注意。

路側帯

少し道路幅が広いと「路側帯」を示す白い線が引いてあって、一応その白線の内側（道路の端）を歩いていれば、安全なような気がします。もちろん歩道としての境目やガードレールなどの遮蔽物はないので、自転車もクルマも路側帯など無視して走っています。この微妙な路側帯、道路に十分な幅がないところもあって、電柱があっても排水溝があっても障害物に関係なくまっすぐ引いてある（最近は消えかかっているところも多くなった）ので、歩行者も自転車もこれらの障害物を避けるためには車道側にはみ出す必要があります。

幹線道路のバス通りの右側、路側帯を一人の老人が歩いている。本人はきちんとルールどおり右側の路側帯内側を歩行しているのだが、左手で老人用の横引きカートを引いている。あぁ……カートが車道にはみ出ている。車道はクルマが頻繁に走っていて、このカートのすれすれ左を前方から通過していく。おいおい……この老人とカートに気付いているのかい？ 老人側も左手で引いている自分のカートの位置を把握しているのかい？

――筆者も通勤していた頃、帰り道は暗くなった道路上の路側帯の内側を毎日のように歩いていました。前方からライトを点けたクルマが立て続けに走ってきます。歩いている筆者とすれ違うクルマとの距離は50㎝ほどしかないこともありました。歩いていていつも思っていたのは、もし筆者が何かにつまずいて道路側に50㎝でも飛び出したら、これはもうアウト！　とにかく路側帯というのは目安でしかなく、その内側を歩いていたとしても安心とは言い切れないのです。

運転免許更新の時に配布される「交通教本」を見てみると、路側帯を通行できるの

は歩行者と自転車などの軽車両で、原付やバイクは通行不可となっています。また、白線にも破線や二本線などの種別があって、クルマが駐車できるとかできないとか、細かいルールが決められているようですが、近所でそんな種類の路側帯を見たこともないし、我が人生で白線の意味を教わった記憶もありません。また、白線が消えかかっている路側帯をよく見かけますが、これはどう考えれば良いでしょうか？

とにかく、安全そうな「白線の内側」を歩いて、当然、前を見ているので前方から人・自転車・クルマが迫って来れば、注意しながら相互にすれ違って通過し、障害物があれば前を見て車道に少し出るくらいが関の山かな。

ここで特に危ないのは、自転車（正しい走行車線は左側なのに違反して逆走）が右側を走って後ろから迫って来た場合です。右を歩いていれば、クルマや自転車が正面から迫って来るので、早めに気付いて歩行者自ら避けられます。しかし、歩行者の目は後ろまで見ていないので、この逆走自転車のことまで注意は及ばず、危険極まりないのです。自転車は左、歩行者は右の原則は、守ってさえいればよくできたルールだと言えます。

押しボタン式信号機

近所の少し広い道路には、所々に押しボタン式の信号機が設置されています。クルマの走行車線側には「押しボタン」と大きく書かれているし、横断歩道も設置されています。朝など小学生の通学路にもなっていて、交通指導員や父兄の方々が立って黄色い旗を振って、小学生の安全通学に尽力されているのですが……。

押しボタン式信号機はボタンを押してから歩行者側の信号機能が作動するので、青信号に変わるまで時間がかかります。さらに通学時間帯のように連続でボタンを押していると、一層時間がかかって歩行者は待つことになります。青信号に変わるまで止まって待つのは当たり前のことなのですが、父兄の心情としては子供たちを青信号の間に早く横断させたいため、「早く早く」とせかせて走らせて、左右確認をさせることもせず、とにかく早く横断させようとする人たちがいます。

こうした指導下で育った子供たちは、大人になって高齢者になっても、信号機が青色から点滅（あるいは黄色）に変わろうとすると走り始め、さらに左右の確認もせずに突っ走って横断してしまう習慣が染み込んでしまっているのではないでしょうか。この習慣が、クルマの運転では黄色信号で加速、または信号無視につながり、また何か危ない時に「止まる」「待つ」ことをせず突っ走るという習性になってしまうのだろうと思います。理性ある人類なのに、危険を感じたらまず走って逃げる動物（犬や猫）と同じではないのか、本当に情けないと感じます。

小学校で「廊下は走ってはいけません」とやかましく言われているにもかかわらず、学校の外ではこうやって信号機を見て走るという誤った指導が行われ、大人になっても高齢者になっても頭の中に刷り込まれてしまっているのかもしれません。まず止まって自分で安全確認することが大事。押しボタン式信号機は、止まって待つことを教えるよい機会なのに……。

子供やペットと一緒に散歩

多くの高齢者が生活している近所では、老人が孫と思われる小さな子供と一緒に散歩したり、ペット（主として犬）を連れて散歩したりしている姿をよく見かけます。

自転車やクルマがたまに走ってくる程度の道路でも、子供の手を引かない、ペットをつなぐ紐を道いっぱいに伸ばしている、目と耳をふさいで歩く（歩きスマホやイヤホン）、さらに散歩中に近所の知り合いと井戸端会議を始めて連れている子供やペットを半ば放し飼い……等々。

子供もペットも勝手に動き回る習性は同じ。クルマや自転車が近付いてきても全く気付かず、危ないなあと思うことしきり。クルマや自転車の方が早めに気付いてあげるしかないのだが、運転しているドライバーも老人の時……双方の気付きが遅れたらどうなるのか、恐ろしい限り！

こういう散歩では、ペットや孫を見て歩くのではなくて、周りの状況（道路の前と後ろ）を常に見て安全を確認しながら歩くことが大人（老人）の役目のはず。子供や犬に罪はなく、犬も迷惑しているはず……。孫が横で見ているところで、信号を無視して横断したり、左側を歩いたりして恥ずかしくないですか？

また、場所によっては、歩道上に「歩く人」と「自転車」のペイントが描かれており、歩く人を守る工夫をしている箇所を時々見かけるようになりました。しかし……全く気付いていないのか、気付いても無視しているのか、平気で自転車マークの上を孫やペットと横並びで歩いては自転車の人を困らせています。

大変気になるのは、子供連れの親（祖父母？）たちがそれを平気でやっていること。子供にペイントの意味を教えてあげる絶好のチャンスなのに、全く気にせず自転車マークの方に子供を歩かせ、親（祖父母）は……前も見ないで歩きスマホをしているではないか！

危ないクルマ

歩いている側から見ると、クルマや自転車が危険だと感じるのは、「スピード」、歩行者との「距離」、どちらに曲がるか「意思表示なし」で曲がって来る、それと迫り来るクルマに「気付きにくい」ことです。

①狭い道でスピードを出す

生活道路の交差点やカーブなど、先が見えない箇所でスピードを落とさず（ブレーキを踏まず）、平気で走り抜けていく不届き者がいます。自分のクルマや自転車の運転のスピード感覚が麻痺しているのか？　左右、前方の確認ができていない（見えていない）のに、すぐに止まれないスピードで走り去るクルマのドライバーは、安全をどう考えて走っているのか？　急に自転車が現れる、急に住宅から、急に店舗から人が出てくる……など、危険予知を全く無視しています。

実際に、自転車が右折・左折していて、その自転車が急ブレーキをかける光景など頻繁に見かけます。散歩している歩行者が、スピードを出して走ってくるクルマに足がすくんで（ヒヤリ・ハットして）立ち止まるなどの光景も見かけます。高齢者だけでなく、一般の歩行者や自転車にとっても非常に危険だし、ヒヤリ・ハットさせられる局面の多くは、事故に至らないまでも安心・安全とは言えません。

こんなに危険の多いこの国の生活道路ですが、防止するしくみを作れないわけではありません。道路の路面の一部をかまぼこ状に隆起させてクルマの速度を抑える「ハンプ」というものがあります。20年以上も前に仕事でブラジルに行った時、幹線道路から入った住宅街の道路に隆起したハンプや、S字状の構造物（速度を落としてS字状にしか進めない道路形状にしている）が設置されているのを初めて見ました。走行するクルマはスピードを抑えて走るしかなく、自然と全車両が安全なスピードで走行をしているのを見て、こんなうまいしくみがブラジルにはあるのかと感心したものです。このしくみがなぜクルマ先進国・日本で普及していなかったのか不思議でならなかったのですが、その衝撃から20年以上経過しても、日本国内に普及している様子はなく、実際に住んでいる街、市内、県内のどこを走っても見たことがありません。一部の大型ショッピング施設の駐車場には、確かにハンプが設置されていて、そこではクルマのスピードに関して心配する必要はなく、ゆったり歩くことができます。

クルマをノロノロ走らせたくない人たちの反対があるのかもしれませんが、住民の高齢化が進んでクルマの走行の安全をより一層求めるようになった今、こういう構造物で強制的にクルマのスピードを抑制させることは必要ではないでしょうか?

②クルマの幅

昨今、クルマの車幅だけはどんどん大きくなってきました。多くの住宅街で生活道路の幅は昔から変わるはずがないので、道路上で歩行者側に残されたスペースがだんだん狭くなっています。1970年頃の大衆車カローラは車幅1490㎜、大型のクラウンでも1690㎜でしたが、2022年の大衆車プリウスは1800㎜。昔は存

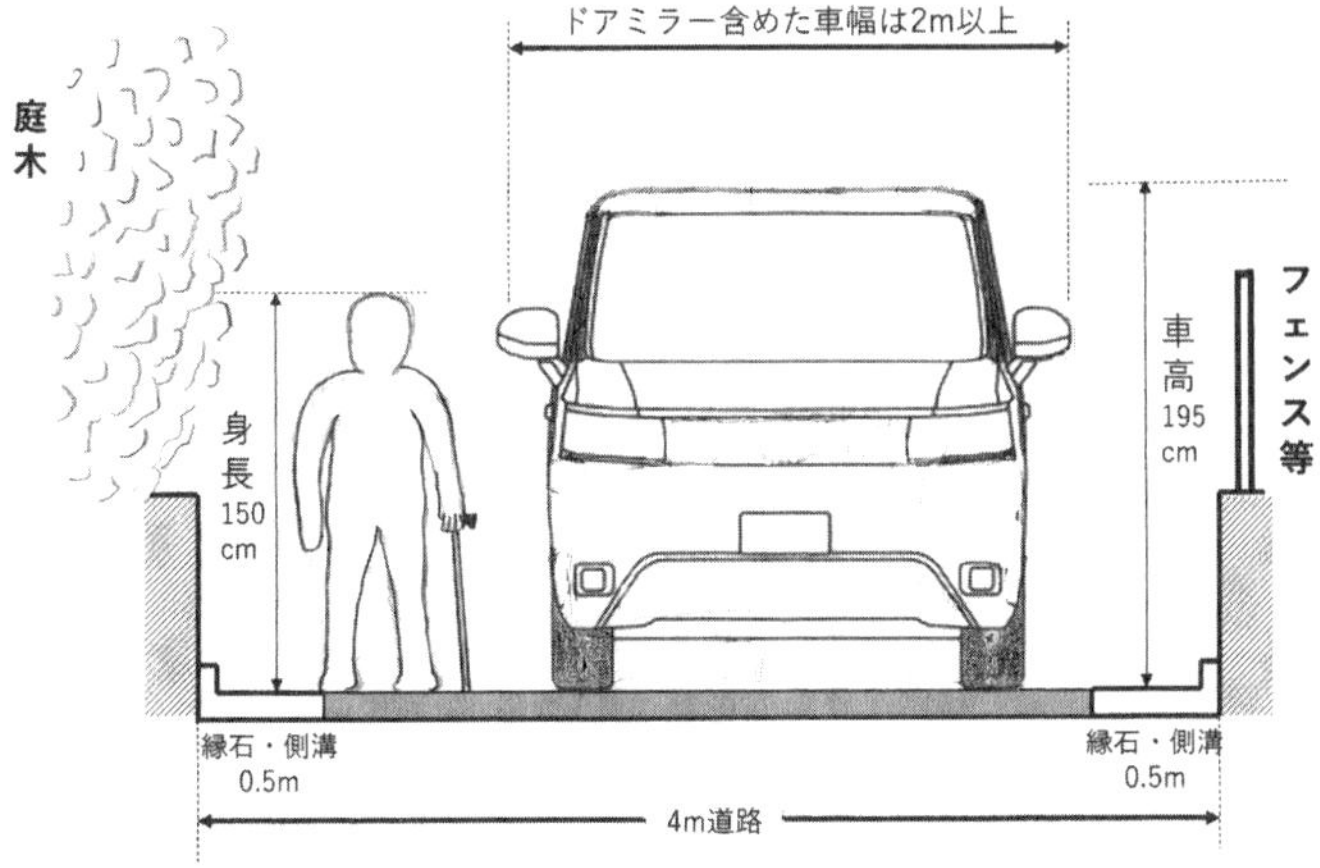
ドアミラー含めた車幅は2m以上
庭木
身長
150
cm
車高
195
cm
フェンス等
縁石・側溝
0.5m
縁石・側溝
0.5m
4m道路

街路での車幅

在しなかったミニバン型の大衆車も増えて、ステップワゴンは１６９５㎜、セレナ１７４０㎜、アルファードに至っては１８５０㎜。左右に突き出したドアミラー（左右それぞれ約２００㎜）の分を含めると、クルマの通行幅は優に２０００㎜、つまり２ｍを占有します。

　しかもミニバン型は車高が高いので、杖をついたり腰の曲がった老人から見ると、高い壁をまとった小型バスのようなクルマが狭い道で真横をすり抜けていくイメージ。住宅の塀や生け垣の横を大きなクルマが歩行者スレスレに近付いて通過していくと、両方の高い壁に挟まれて脅威に感じないはずがないでしょう。４m程度しかない生活道路をクルマが通過する時、歩行者側にどれだけのスペースが残されるのか、単なる数字の引き算〈歩行者に残されるスペース＝（道幅－車幅）÷２〉では表わしきれない恐怖が存在しています。

③ウインカーをなかなか出さない

曲がる、停車する、バックで車庫に入れるなど、クルマを右とか左に曲げる、片側に寄せる時には、周りの歩行者や自転車、クルマに早く伝えて、その人たちに準備行動を促すことがクルマコミュニケーションの基本でしょう。

住宅街の交差点の向こうからクルマがまっすぐ走ってくる。こちらもまっすぐ対向する形で歩いていく。交差点に入り始めたら……えっ！　急にクルマがこちらに曲がり始めた。ウインカーは？　と思った瞬間に点灯。交差点をまっすぐ歩くこちらに気付いてから、ハンドルを回すついでにウインカーを出したくらいのタイミング。これでは歩いているこちらも構えることすらできず、あわてて直前で「止まる」「待つ」ことに。しかも突然曲がってこちらに急接近して、さらにまっすぐ歩いているこちら側より先に曲がろうとする。

——その直前でクルマが止まっても、ヒヤリ・ハットで危険しか感じません。

もう一つの例を。

狭い道を歩いているこちらを無理やり追い越してすぐに、危険でもないのに突然クルマが道路の真ん中に止まった。なぜ急に止まったのだろうと近付きながら眺めていると、今度は急にバックランプが点灯してバックし始めた。えっ？　何？　と思っていると、住宅の車庫にバックで入れるためにハンドルを切り始めた。おい、そこに入れるのなら（曲がる方向に）ウインカーを出して知らせるべきだろう！　狭い道路でクルマが曲がり始めたので、こちらは止まらざるを得ないわけだが、気が付いたら後ろから来た自転車も他の歩行者も止まって待っている。ちょっとこのクルマのドライバー、周囲に配慮が足りないだけではなく、ウインカーでどちらかに寄せて止まる、バックでどちらに曲がるなどの意思表示（クルマコミュニケーション）を知らないのでは?

——若い時からウインカーを適切に使う方法を知らなければ、高齢になってからやれと言われてもできるはずはありません。困ったものです。

④クルマの色

なぜか知らないが、近年、黒いクルマが増えた！　老人には（若い人でも？）見えにくい（視認しにくい）。特に交差点に設置されたミラーで左右を見ると、住宅や道路が映っている中を白いクルマが走ってくるとはっきりわかるものの、黒っぽいクルマは周りの景色にかき消されて見えないことが多いのです。結局近寄ってくる黒っぽいクルマに気が付かないまま、角で突然遭遇することになります。せめてクルマがライトでも点けていれば、早めに発見もしやすいのですが……。昼間でもライトを点けて走る業務用車両は増えたし、最近はアクセサリーライトを装備、点灯するクルマも増えて、高齢者にとっては早くクルマを発見できる安心要素になってはきましたが……。

クルマの色は個人の好みなので何とも言えませんが、高齢者の目で早く視認してもらうなら、白っぽい色がよいです。いずれみんな高齢になるのだし、ミラーを見て確認するのは若い人も同じでしょうから。

　参考までに、小学校で習う太陽光の下での温度上昇についても書いておきます。黒い色に太陽光があたる場合と、白い色にあたる場合とを比較すると、明らかに黒色の温度上昇が大きいことは習っています。実際に公表されている測定データによると、気温33℃の真夏に白と黒のTシャツの温度上昇を比較すると、白色は35℃超、黒色は47℃超だそうな。

　自分のクルマに冬の暖かさを求めるか、夏の暑さを避けるか――そこは人それぞれで。

⑤クルマの走行音

　エンジン音を出して後ろからクルマが迫って来ると、まずその音に気付き、道が狭ければ自然にクルマを避ける動作に入ったものですが、最近増えてきたハイブリッド車や電気自動車の場合は、近付いてきても音が小さくて気付かないことがあります。突然、真後ろにクルマが迫っていて、びっくりすることがあります。音もなく接近してくるクルマには危険を感じるし、高齢者になると耳が遠くなって、さらに気付くのが遅れてしまい、一層危険になります。また、ヒヤリ・ハットしてその場に立ち止まると、クルマは動きながら近付いて来るので、さらに接近して危険度は高まり……。

わざとエンジン音（或いは代わりになる音）を出すようなクルマを開発できないものでしょうか？　音でなくても、歩行者に近付いたら（びっくりさせるようなクラクションではなく）音声で知らせるしくみがあってもよいのでは？「クルマが近付きますよ」という音声とか、或いは何か共通的なメロディーでもよいと思うのですが。バックする時は「このクルマはバックします」と音声で知らせたり、メロディーを発するクルマも登場している時代ですから。

⑥夕方のライト点灯

夕方薄暗くなって、多くのクルマがライトを点灯し始めても、自分は目がよいのでまだ見える見えると言って（いると思われる）、ライトをなかなか点けないドライバーがいます。その結果、結局点灯を忘れてしまって、無灯火のまま走っているクルマをたまに見かけます。

夕方の点灯はドライバーが前方を見るためではなくて、周りの歩行者や自転車、クルマにこちらのクルマの存在を認知してもらうためのものにほかならないのですが、その点灯の意味を理解していないドライバーが多いようです。自転車も同様で、ライトを点灯して走ると、クルマからも歩行者からも早めに認知してもらいやすいのですが。

目のかすんできた高齢者は、夕方の視力が一段と落ちるらしいので、点灯していれば、クルマや自転車に早めに気付いて、高齢者自らが危険回避することもできるのですが……。

危ない電動車

いろいろな技術の進歩で、自転車にも電気の走行支援機能が付いた電動アシスト自転車が普及してきました。ちょっとした坂道なら軽々と走ることができて、実際に乗ってみると高齢者でも非常に楽にペダルをこげる自転車に仕上がっています。

ところが、歩行者の立場からこの電動アシスト自転車を見ると、クルマやバイクに加えて自転車まで危険になったのかと感じざるを得ません。軽々と走れるおかげで、広い車道でも歩道でも狭い生活道路でも、走る走る、そのスピードの速いこと。何をそんなに急いでいる？　と聞きたくなるほど、そういう自転車が軽快に走って迫って来ます。おまけにその速い自転車に幼児まで乗せて走っているママさんまで……。その姿を見るだけで危ないと感じますが、実際に歩行者のすぐ横を高速ですり抜けて行く、前から迫って来る、交差点から急に現れる……ぶつかることがなくても当然ながら恐怖を感じます。乗っている方々は自分で危ないと思わないのでしょうか？

そしてついには、自転車だけではなくなってきました！　電動キックボードとかいう乗り物が、原動機付き自転車と同じ車両として定義され、法律上の条件をクリアすれば公道を走れるらしいのです。あげくには今年（２０２３年）から、時速制限はあるものの、無免許でも16歳以上なら運転できるというではありませんか。高齢者や子供が歩いている道路（多くは生活道路）に、自転車より危険な乗り物を増やそうという施策。筆者が思うに、これは遊具の一つとしか映らないのです。遊具にナンバープレートやバックミラーなどを取り付けて、車道を走りなさいと言っているようなもの。

高齢化が進むこの国で、まさか老人の足として考えたりしていないと思いますが、誰のためにこの施策を推進しようとしているのか甚だ疑問です。高齢者や子供の多くがゆっくりと道を歩いているという状況下で、自転車ですら平気で違反走行して危険が増えている中、より小さくて簡易な新しい乗り物で安全・ルールが守られるものなのか？　この電動キックボードは機種が多く、違反かどうか、歩道を走ってよいものかどうか、などルールが複雑で、自転車以上に違反が多発することになるでしょう。

低速でも人にぶつかれば大けがになりかねない乗り物で、規制すべきことと緩和すべきことの判断は、乗る人（利用する人）だけでなく、歩行者側の「安全」に十分に配慮してほしいものです。特に高齢者としては。

乗る人も危険、歩いている人も危険、周りのクルマや自転車にとっても危険。高齢者にとってみれば、新たなリスク。高齢になってから周りに次々と新しい乗り物、新しいルールなどが増えても、たぶんついていけない！

歩く時には

若い時にどんな歩き方をしてきたのか？

歳をとってから、歩き方まで指摘されて直さなければならないなんて……無理だし、恥ずかしいものです。

危険がいっぱいの今の世の中、事故に遭わない、起こさないだけでは「安心」とは言えないでしょう。ヒヤリ・ハットする危険やストレスを感じないこと、感じさせないことで「安心」が得られるのです。とにかく動いているクルマや自転車が歩いている人と接触することは、ほんのわずかであっても避けなければならず、さらに近付いてきて恐怖や不安を感じるようでは「安心」は得られません。

そのためには、この国の狭い道路に合ったクルマと使い方（走り方）の徹底が必要です。例えば、宅配業者が人力の荷車で住宅街を走っているのは非常によいアイデアで、安全・安心を感じるものです（体力を使って荷物を運んでいる人たちには頭が下がります）。超高齢化社会にあっては、効率ばかり追求するのではなく、ゆっくり、ゆったり、安心できる環境を優先させることも有効ではないでしょうか。

3

ちょっと自転車で近所まで

老人の自転車

近所にちょっと買い物に出かける、お医者さんへ診察に行く――ちょこっと出かける時に大変便利な乗り物が自転車です。若い時から乗り慣れていて非常に身近な乗り物です。

自転車は車輪が前後に二つしかない（三輪もあるが）ので、ペダルをこいで、ある程度スピードを出して走る必要があります。一定のスピードが出ていないとフラフラと左右に振れてしまい、止まった時に倒れてしまいます。子供が小学校に入る頃、繰り返し乗り方を練習して、時には自転車ごと倒れて泣いたりしながら、まっすぐ上手に走れるように努力したものです。

現在70代の高齢者なら、60年以上にわたって自転車を乗り継いできた人も多いでしょう。道路を普通に走行するなら、自信を持って運転している人がほとんどでしょう。

ところが、高齢になるとだんだんうまくいかなくなるものです。体力もなくなっていき、技量が劣化し、判断力も減退して、若い時ほど上手に走れなくなるものですが、高齢の本人たちはそうは思っていない様子です。自転車をこぐ力さえあれば、スピードも出るし、目的地まですぐに行ける、歩くより楽だ……と思っています。

実際、近所の高齢者の中には、今にも倒れそうな速度（よく倒れず走れるものと感心するほど）でゆっくりゆっくり走っています。当然ながら左右にフラフラ揺れて、見ているとハラハラするような走り方で、しかも生活道路の真ん中を走って行きます。或いはクルマが多く走る車道を、時には道路中央へはみ出しながらフラフラ走って行く。……まさか、ご本人はまっすぐ走っているつもり？　交差点などで危ないと思ったら、急に止まって飛び降りてしまう人もいます。自転車にまたがったまま止まると、足が届かないので。そのように止まった時、同時に自転車は左右どちらかに振れて、しかも本人が飛び降りてしまうので、その自転車と飛び降りた人の間で急に道路上を幅広く占有してしまいます。

クルマの運転だけでなく自転車に乗るのも、高齢になったら考えましょう。危ないのは乗っている本人だけじゃなくて周りの人、走ってくるクルマにも危険が及ぶのだから。それに、若い時でもそうですが、自転車に乗って止まっている時に足が届かないのはダメでしょう。変なプライドは捨てましょう。

これだけは守ってほしい！

自転車については、小学校で基本ルールを教えてもらうのが最後で、その後は本人が危ない経験をする、人が起こした危ない事故を見る、近い人から話を聞くことなどから、自分で学習していくしかないのが現状です。大人になってわざわざ自転車のルールを教えてもらう機会などないでしょうから。

そんな中、高齢の歩行者やクルマのドライバーの安心のため、とにかく守ってもらいたい自転車の基本的ルールは以下の二つではないかと考えます。

〈その1〉自転車は左側通行！　右側通行はいわゆる逆走となって法律違反

筆者の子供が成人になった頃、「自転車は右側通行だよね。だって、向かってくるクルマがよく見えるし……」と堂々と話していたのには驚いたことがありました。その時、「小中学校時代に教えてもらわなかったのか」と聞いてみましたが、「習った記憶はない」と言い、右側通行が当たり前と信じていたらしいのです。そこで左側通行にしなければならない理由を絵に描いて説明し、やっと納得させたことがあります。

ここで大事なことは、

①自転車は車両であること。だから左側通行（小学校でクルマは左、人は右と習うはずだが、自転車のことは教えてもらえなかったか？）。

②走るクルマから見ると、同じ車線の左側前方を自転車が同じ方向に走っていると、相対速度が小さく、クルマは危険を回避しやすい。逆に自転車が反対側を（クルマの左側前方を正面から）走ってくると、クルマから見た相対速度は両者の速度の合計となってべらぼうに速くなり、危険度は一挙に増す（中学校の理科で学ぶ原理）。

③小さい道から大きな道へ出る際、「まず右見て、次に左見て、もう一度右……」と確認するのが当たり前だったはずだが、左から自転車が車線の右側を走ってく

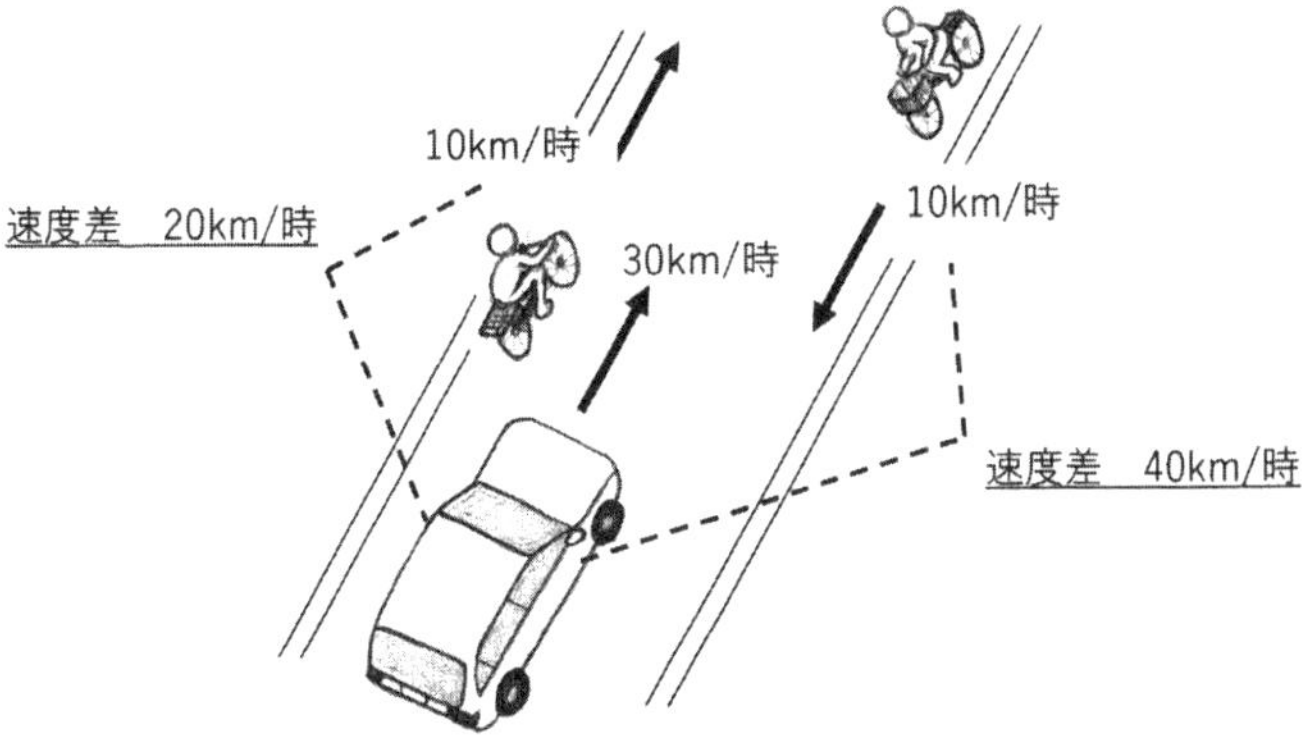
10km/時
速度差　20km/時
30km/時
10km/時
速度差　40km/時

相対速度

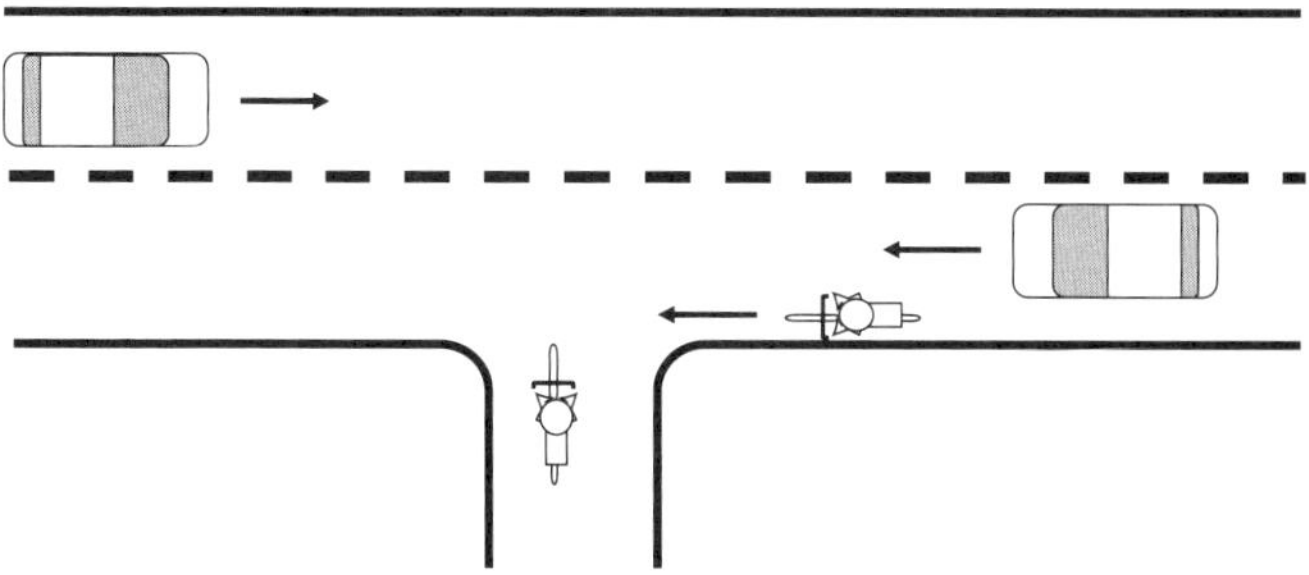

左右確認

ると発見が遅れる。

④車道で正しく右側を歩いている歩行者から見れば、その人から前方に自転車を発見できる（自転車側からも人を対面で視認できる）。仮にどちらかが反対側を通行していると、歩行者は自転車を認識できないし、自転車は歩行者の後方から迫って近付き、その歩行者を避けるため車道側にふくらんで走行することになる（自転車と同じ左側を走るクルマから見れば、歩行者が歩いていれば自転車がふくらんで出てくることは予測できるし、前述の相対速度も小さく抑えられて安全な回避ができる）。

若い時から自転車の左側通行を習慣化していないと、高齢になって自転車の運転が下手になると、ますます危険度が高まることをお忘れなく。高齢になってから直そうと思っても、もう無理！

〈その2〉自転車は夜（夕方）にライトをつける！

これも筆者と我が子との会話です。一緒に自転車で外出していて夕方になった時、ライトを点灯するように言ったところ、「目がいいからまだ見えるよ」という返事。自転車のライトを点灯する意味がわかっていなかったらしいのです。自転車のライトは、「あなたが道路を見るため」だけではなく、「あなたを（他の人から）見てもらうため」に点灯するものだと、その時に説明しました。理由を説明すれば、すぐに納得できることなのです。

現代のように至る所に街路灯があり、商店からの照明が明るいと、夕方になっても道路は明るく照らされていて、自転車の行く先もまだ見えるから、ライトの点灯など必要ないと思う人が多いかもしれません。しかし、ライトは他人に見てもらうのだという目的を知らないと、折角の安全装備が役に立たないことになってしまう。

とにかく薄暗くなってきたらライトを点灯させて、自転車に乗っているあなたの存在を見せましょう。そうすると周りに注意をしてもらうことができて、お互いに安全に走ることができるのです。

自転車はどこを走ればいい？

自転車は乗って走れば「軽車両」、降りて押せば「歩行者」の扱いを受けるという最強の乗り物ではないかという気がします。

やはり乗って走るのが自転車なので、軽車両として「車道の左端を走るのが基本」ということだけは知っていても、最近では自転車の走行車線を車道上の左側に明示して作っている箇所があったり、歩道上に自転車専用レーンがあったり、歩行者と混在して走ることができたりできなかったり、とにかく自転車がどこを走ればいいのか、迷うところだらけになってきました。例えば、歩道を走っていた自転車が車道側に専用レーンを発見すると、突然車道に出てきて走ってくるクルマに接触しそうになったり、歩道で歩行者と混在が許されていても、歩行者が好き勝手に歩いているので自転車がクネクネと歩行者を避けながら走る必要があったり……。

生活道路のように狭い道路では、クルマも自転車も歩行者も同じ道を同じように走らざるを得ません。ところが、車両は左側を、歩行者は右側が原則ですが、歩道がある道路になると、歩行者も自転車も歩道にいる方が安心だし、確実に安全が保たれる、と思ってしまいます。そして、右側の歩道上を自転車が走るケースも多くなります。歩行者と自転車が同じ歩道上にいると危ないということで、新しく自転車専用レーンを作って自転車は車道側へ出て行け！　となっている箇所が増えていますが、高齢者だけではなくすべての人が乗る自転車にとって、クルマがバンバン走っている車道でクルマと並走する（クルマがすぐ横を追い越していく）時の恐怖は大変なものです。高齢者にとって、この恐怖はとても耐えがたく、安心を考えると並走は無理です。

多くのクルマのドライバーは、左前方を走る自転車を認識したら減速し、自転車から離れて追い越していく動作をしてくれますが、十分な道幅がなかったり、対向車が来て避けられなかったりすると、自転車に接近したまま追い越して行きます。クルマが自分の真横を至近距離で追い越して行く……驚きと恐怖は寿命を縮めているかもしれませんよ。

自転車を追い越すクルマ

生活道路（といっても少しだけ道幅の広い道路）を自転車で走っていると、当然ながら速度の速いクルマは自転車を追い越していきます。道幅に余裕があって、我が自転車を追い越す瞬間のクルマとの距離が１ｍくらいあれば、全く危険を感じることはありません。

ところが道路幅は様々だし、まっすぐとも限りません。前方から対向車が来ることもあります。その時、追い越そうとしたクルマはどういう動きをするのか、そのクルマの動きによって自転車は危険にさらされることもあります。事態は後ろから迫り来るクルマに委ねることになるのです。

この時、自転車に向かって後ろからクラクションを鳴らすなんてとんでもない！警告どころか、自転車はびっくりしてフラフラ、引っくり返るかもしれません。ここではクラクションではなく、まずブレーキでしょう。

小学校高学年の算数に「追い越し算」という解法があります。時速10㎞で左側を走る自転車を、時速30㎞で走るクルマが安全に追い越す時、どれくらいの時間がかかるか計算してみましょう（次頁参照）。

4.7秒かかって追い越す間に、実際にクルマが走る距離は約39ｍもあるので、わずかな時間と思っても、相当な距離を走らないと追い越せないことがわかります。

では、追い越しの最中に、前方から対向車が走ってきたらどうしますか？

仮に対向車が追い越していくクルマと同じ時速30㎞で走ってきたら、この2台のクルマが接近する相対速度は時速60㎞、自転車との相対速度も40㎞となり、39ｍを追い越している最中に約2.3秒で正面に迫ることになります。つまり、前方に対向車が見えたら、自転車を安全に追い越すことは不可能で、自転車の後ろをゆっくり走りながら対向車が通過していくのを待つしかありません。

まず直線道路で
　クルマの全長：4.5m（約5mのクルマが多い）
　自転車の全長：2.0m
　追い越し始める時の自転車との距離：10m
　追い越し終わる時の自転車との距離：10m
と仮定する
クルマが安全に自転車を追い越し終わるまでに走るべき距離は
　10m＋2m＋10m＋4.5m＝26.5m
自転車とクルマの時速の差は20㎞／時
秒速に直すと
　20,000m÷3,600秒≒5.6m／秒
26.5mの距離をこの秒速差で追い越すと
　26.5m÷5.6m／秒≒4.7秒

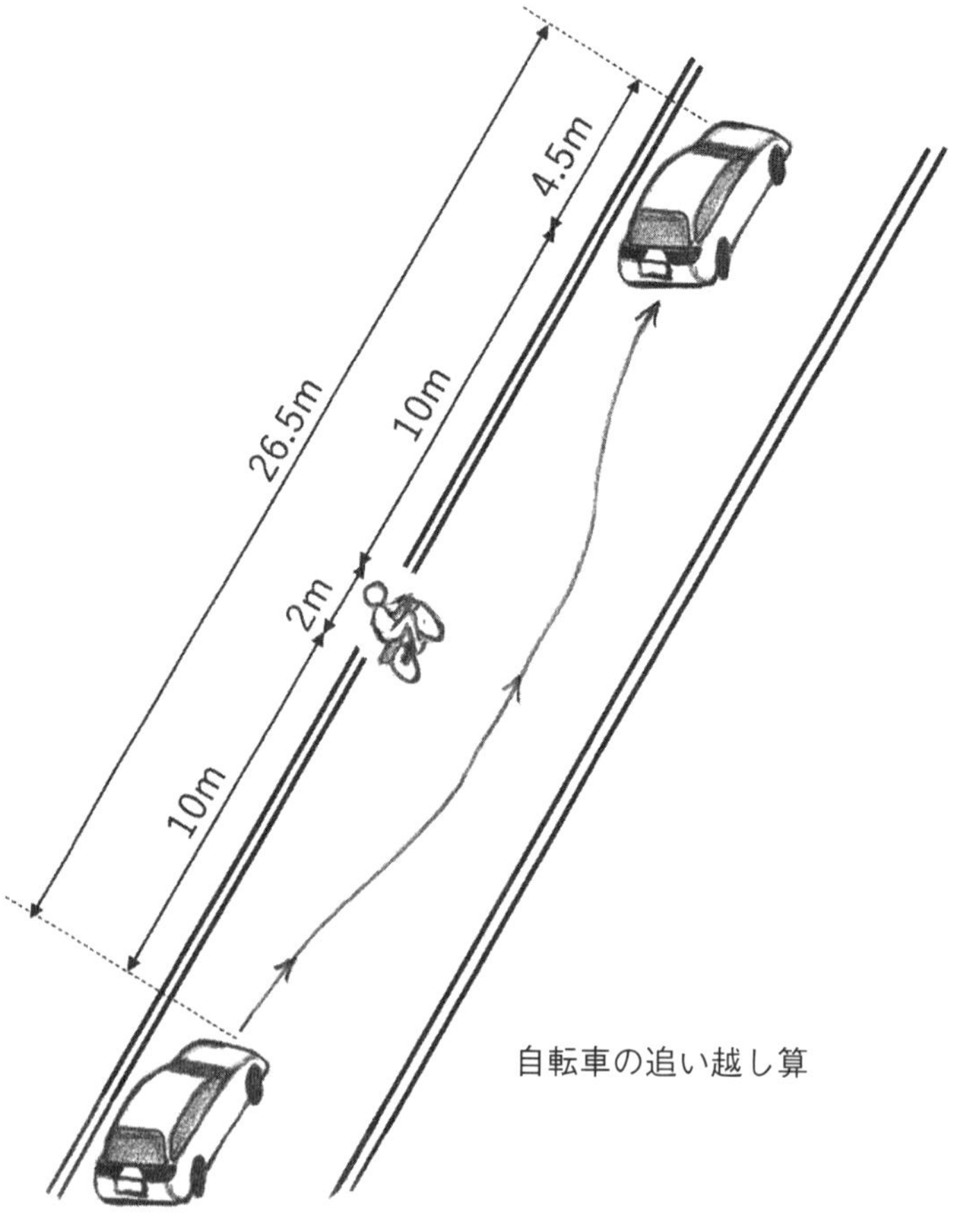

自転車の追い越し算

もし、無理やり自転車を追い越そうとして自転車の右に出てしまったら、途中で対向車を避けるために左を走る自転車に幅寄せするしかありません。その時、自転車に接触するか、自転車に恐怖を与えながら無理やり追い越すか。結局、追い越し判断のミスが、自転車に危険を与えることになります。

自転車は後ろから迫って追い越そうとするクルマの動作までわからないし、また道路上をまっすぐ走れるとも限りません。高齢者の自転車は、ただでさえよろよろと左右に振れながら走るものなので、この局面は本当に危ない。

狭い道で自転車を追い越すクルマのドライバーは、目の前の自転車を見るだけでなく、十分に前方・後方を確認してから追い越して頂きたいものです。

車道上の通行ルールは？

信号交差点の赤信号でクルマが止まる時、車道の左側を十分に空けて止まってくれると、車道（の路側帯）を歩いている歩行者や自転車は止まっているクルマの左側のスペースを交差点近くまで進んで行けるのですが、なぜか最近はクルマが左側に寄って止まるケースが多く、後方から交差点に近付いていく歩行者や自転車にとってみると迷惑。特に最近の交差点では、自転車用のレーンが設置されていても、レーンの存在を無視してクルマが左にはみ出していることが多いのです。

こんな状態であっても、高齢者（だけでなく多くの自転車や歩行者）は止まっているクルマの左側の狭いスペースに無理をしながら入っていきます。クルマと接触寸前状態で……。次の瞬間、信号が青に変わると急にクルマは発進していきます。左横ギリギリに歩行者や自転車がいるにもかかわらず……。左側のドアミラーで後方確認し

てから発進しているとは思えません。
　車幅が大きくなってクルマの左側スペースが少なくなっているという認識のないドライバーがいることも原因の一つだと思いますが、まだまだドライバー側に自転車用レーンの設置認識が薄いというのが実態でしょう。

　さらに、道路脇の街路樹下から雑草が大きく伸びて道路の左側を占有しているケースが散見されます。狭い生活道路では、個人住宅の庭木が道路上にはみ出してきて、交差点だけでなく、走っている道路の途中で（歩道上でも）、通行の障害になっている箇所が結構な数見られます。高齢者にとっては通行幅の余裕が欲しいので、歩くにしろ自転車にしろ、道路上の障害物は困りものです。

また、車道を自転車で走る時、信号交差点では「歩行者用の信号」に従うのか、「車両用の信号」に従うのか、これも大いに迷うところです。ルール上は車両用の信号に従うべきなのでしょうが、歩行者用が赤信号になったら、対向車の右折車両が交差点に入って来ることがあります。こういう時、自転車で車道を直進するのは危険ですね。本当は歩行者用信号に従って、自転車を降りて歩いて渡るのが一番安全なのですが、なかなかできるものではありません。何か判然としない交差点の出来事です。

歩道上で信号を待つ

信号機のある交差点の歩道上で、自転車にまたがったまま、或いは自転車を降りて信号を待っている人がいます。赤信号だから止まって待つのは何も問題はないのですが、その自転車の前輪が車道にはみ出しているぞ！　人物は確かに停止線上に止まっているのですが。前輪の先端はクルマがびゅんびゅん通過していく車道上に突き出ていて、急にブレーキをかけて通過していくクルマもあります。

この自転車の老人（若い人も）、普段クルマを運転しないのかもしれませんが、歩道から車輪が飛び出している状態を見た時、クルマのドライバーなら止まるか、避けて通過するか考えるでしょう。でも、そのドライバーがボ～ッとして走っていたら、その自転車（の前輪）に接触しかねません。

このケースで、自転車かドライバーか、どちらかが高齢者で事故にでもなったら、また「高齢」を理由にされかねないでしょう。普段から注意、注意！

4

クルマを運転していると

若い頃にクルマの運転技術を教習所で教わって運転免許を取得した後は、60代、70代になる40〜50年もの長い間、他人から自分の運転についてあれこれ言われることもなく、途中できちんとした評価をされることがなかったという人は多いのではないでしょうか？

しかし、この40〜50年の間に交通法規やルールは変わり、道路環境も変わり、クルマの性能・機能も変わりました。一方で、ドライバー個人は自己流でそれらの変化に追従してきたか、或いは昔ながらの運転を頑なに継続してきたか。

多くの人が高齢者と呼ばれるようになった今、近所で見られるクルマの運転の事情はどうなのか……。

下手な運転でも、いい加減で勝手な行動で生きてきた人でも、自ら事故を起こしたことがないと豪語する人がいるものですが、通常の場合、事故というのは相手があるもので、事故に遭わなかったのは単純に相手が上手に避けてくれただけ……と考えるのが妥当でしょう。双方が下手だった時に事故になるものです。

道路上の縁石にのり上げてホイールに傷をつけたり、クルマの前後左右を何かにあてて小さな傷をつけたりするのは、運転するクルマの全長や車幅、内輪差などを意識してコントロールできていない証拠なので、安全運転以前の問題と自覚すべきです。

近所のおじいさん

会社の役員をしたこともある、知的なおじいさんが隣に住んでいました。90歳が近付いたあたりから耳が遠くなって話す声も大きくなり、筆者が家の中にいてもこのおじいさんが外で話す声がよく聞こえるようになりました。時々、近所に住む同じ世代の老人が言っている声が聞こえます。

「まだまだお若いから、クルマの運転もまだまだできますよ、いいですねぇ……」

お世辞で持ち上げています。このおじいさん、小型乗用車に奥様を乗せて時々買い物に出かけていましたが、しばらくしてから近所のバス道路に出る交差点（T字路）で、なぜか直進して自損事故を起こしてしまいました。人を巻き込まなかったのが幸いでしたが、T字正面のガードレールに衝突し、クルマは大破。そこで初めて運転をやめることになりました。

お世辞にのせられるような人ではなかったのですが、自ら判断して運転をやめることは難しかったのでしょう。
その後、このおじいさんはクルマの代わりに、自転車で近所を走る光景を見かけるようになりました。しかし……、
近所の生活道路で、向こうから自転車に乗ったこのおじいさんがふらふらと走ってくる。こちらはクルマ。相互通行できるかな、端に寄ってくれるかな……と思いながら、ゆっくりクルマを走らせて近付いていくと、おじいさんは道路のほぼ真ん中に自転車を止めて動かなくなってしまった。クルマを避けているつもりが、実は道路の真ん中！　よく知るおじいさんだから、クルマから降りてもうちょっと端の方へ動いてもらったが、老人の感覚というのはこんなものか……。
道路を歩いたり、自転車やクルマで走ったりしている人の中にはいろいろな人がいて、どういう行動に出るか、想像もできない場合があるということを肝に銘じておきたいものです。

クルマの運転姿勢

対向車をちらっと見ていて、

「えっ！　小学生が運転している？」

よく見るとドライバーの頭（正確には目の位置）がハンドルに隠れるくらい、えらく低い姿勢（座高が足りていない）で運転しています。危ないなあ……と思って通りすがりにそのドライバーの顔を見てみると、ほとんどが高齢の女性であることにも驚きます。まさか高齢になってからそんな姿勢で運転を始めたはずはなく、若い頃からハンドルのすぐ上に目だけ出して前方が見えるつもりになって運転していたのでしょうか？　その姿勢で

は信号機は見えても、クルマの直前を歩く小さな子供は見えないでしょう。ハンドルの内側の隙間から見ているとでも言うのでしょうか？

同じように、ルームミラーで後方から走ってくるクルマを見ていると、

「えっ？　……ドライバーがいない!!」

ホラーのようなクルマを見かけることがあります。よ〜くルームミラー越しに後ろを見てみると、ドライバーらしき人物の頭が運転席に見えるが、どう見てもクルマの前方が見える座席ポジションではありません。前を走る筆者のクルマのストップランプすら見えていないのではないかと思えて、いつ追突されるかヒヤヒヤしながら走っていたことがあります。

さらにひどいのが……。同じように後方のクルマのドライバーを見てみると、

「あれっ？　……顔が完全にハンドルに隠れてしまって見えない！」

どうやって前を見ているのかと疑問に思いながら、赤信号で止まった際にしっかり後ろを見てみると、手はハンドル、顔はハンドルの横（クルマの中央側）に出ている！　つまり、顔の真横か少し上に手を出してハンドルを握って、上体を左に傾けて

ハンドルの左横から顔を覗かせて運転しています。もうびっくりしてしまって、追突の危険を感じてハラハラしながら、早くどこかへ曲がってくれないかと祈りながら、しばらく走っていたことがありました。このドライバーも高齢の女性でした。

その昔、筆者の母親は背丈が小さかったので、乗用車の座席を目一杯前に寄せても足がペダルに届かず、目の位置もハンドルが邪魔で前が見えづらいと言って（当時の大衆車にはハンドルの上下調整機能はなかった）、若い時から手製のクッションを背中とお尻の下に敷いて、前方の視界確保に工夫を凝らしていたものでした。

普通ならクルマの前方がクリアに見えなければ運転するのは不安になると思うのですが、かの高齢女性たちはどこを見て運転しているのでしょうか？　運転の姿勢は教習所でしっかり指導されているはずですが……。

目の前のクルマしか見ていない運転

運転では前方7割・後方3割（高速道路では前方5割・後方5割）に注意をはらって見るように言われますが、実際は前方の左右、前を走るクルマのさらに何台も前のクルマ、複数車線を走っていれば後方の左右など、運転中に注意して見るべきポイントはかなり広くなければ（ほぼ360度）安全に走ることはできません。

前を走る1台のクルマだけを見て運転している人は、前のクルマがブレーキを踏む、ストップランプが点灯する、そうしたら自分もブレーキを踏む。前のクルマが動き出すと、自分もブレーキペダルを放して、アクセルを踏んで走り出す。なぜブレーキを踏んだのか、前方の状況を全く把握しないまま、ただただついて行くだけ。――こんな運転を習慣にしていると、前のクルマのさらにその先で起きていること、左右の歩道を歩く人、後方から走ってくるバイクなどの動きや道路事情がどういう状態なのか全く把握していないため、突然現れる人、バイク、状況の変化に対応できるわけがありません。前方に横断歩道を渡っている人がいる、信号機が赤になった、渋滞している、対向車が右折している、その先は十字路だから途中で止まってはいけない――視界に入るすべての情報を自分の運転に反映させなければならないはずなのですが。

クルマの動きはすべてドライバー一人の意思に委ねられています。前を走るクルマがどういう動きをするのかも重要ですが、自分のクルマをどう動かすかは、自分の総合判断によるものです。

特に生活道路では多くの事象が次々に発生してきます。横の路地からクルマが出てこようとしている、店舗の駐車場からバックでクルマが出てきた、歩道から突然自転車が車道に、対向車が右折しようとしている。減速して先に右折をさせるべきか、対向車の後ろにはクルマの列ができているので右折させてあげた方がよいか、自分の後方にはクルマがいないので早く行った方がよいか――頭を使って瞬時に判断しなくてはなりません。単純に前方だけをボ～ッと見て運転していては、自分のクルマだけでなく周りの歩行者、自転車、クルマも安心して動くことはできません。

ルームミラーで見てみると

自分の後ろを走るクルマのドライバーがどういう人間か、これは一応気にしておく必要があるでしょう。

特に気になるのが、前を見ていないドライバー。

ルームミラーで後ろを見てみると、明らかにスマートフォンを操作していると思われて、信号で止まる度に顔は下向きに。渋滞でノロノロ走っている時も頻繁に下向き。

もしこちらが急停止でもしたら追突されるのではないか、と恐怖を感じながら運転することがあります。前もろくに見ないで運転しているのだから、このクルマの左右の状況など確認できるはずもありません。

他にも、最近のクルマには手で操作する必要のある道路ナビや検索機能、各種設定機能などがいっぱい装備され、運転中に目を前方から車内に移すケースが増えています。

昔から運転しながら食べたり飲んだり、化粧をしたり……という光景はありましたが、ルームミラーで後方に見える世界は様々になって、時には面白くもあり、時には危険に感じることもあります。やはり、前を走る自分のクルマの安全を確保するためには、後ろを走るクルマのドライバーをまず見極めることが重要でしょう。追突の危険があるようなら、ブレーキを早めに踏む、ブレーキランプを2、3回踏んで点滅させてから止まる……これくらいしか注意喚起できることはないのですが……。

こういうドライバーが市中を走っているのだから、クルマだけでなく自転車も歩行者も安心して通行することは難しくなります。

若い頃からの運転の習慣は、高齢になって直るはずもないので、運転中は運転以外の余計なことはしないよう、若い頃から心掛けてほしいものです。

道路幅と車幅、そしてキープレフトの功罪

渋滞とか信号待ちをしていると、クルマとクルマの間をぬうようにして、オートバイが後方から突然現れるという経験をした人は多いのではないでしょうか？　クルマの右側をバイクが追い越してびっくりすることが多くなったような気がしますが、なぜか？　単にマナーが悪いライダーが増えただけ？

前の方をよく見ると、クルマの左側（本来、自転車やバイクが走ることのできる道路の左側）に空いたスペースが少ない！　これが一因かもしれません。

教習所で教わった「キープレフト」を間違って解釈している人が多いようです。キープレフトとは、「クルマは左側通行」ということであって、車両の通行車線が明示されている道路（つまりセンターラインのある道路）では左車線を走るだけでよく、

左車線内のさらに左端を走れという意味ではないはず。通行車線の明示がない生活道路などでは真ん中を走る方がリスクが少ないことは明白です。

ただ、大きな道路から左ウインカーを出して左折しようとする場合、クルマの左側が大きく空いていると自転車やバイクを巻き込むリスクもあるので、多少左側に寄っておいてあらかじめ巻き込み防止を図るというのは、一種の重要なノウハウかもしれません。当然ながら早めに左ウインカーを出しておくこととセットですが。

また、最近の車幅が大きくなったことも原因かもしれません。前述のとおり車幅の大きいクルマが増えて、本来、クルマの左側にあるべきスペースが狭くなって、自転車やバイクが走行することができない場面が多くなっているのではないでしょうか（バスやトラックならわかりますが）。道路の幅は昔から広くなっていないのに、クルマの車幅だけはどんどん大きくなり、１９７０年代に比べて約50年後の２０２０年頃には1割以上も車幅が大きくなりました。

さらにフェンダーミラーがドアミラーに変わって、クルマの実質的な幅が30～40cm

も広がっていて、それは歩行者・自転車・バイクに残されたスペースは50㎝近く狭まったのと同じで、当然、危険度は増しています。

このため自転車は車道から歩道に乗り上げて走行し、バイクはクルマの右側の空いたスペースを探して走るようになったのではないでしょうか。

クルマを運転する側が、車幅の大きくなっていることを認識して、もっとセンターライン側に沿って走れば、左側のスペースを確保することができ、歩行者・自転車を追い越して行く際にも恐怖を与えず通過することができると思うのですが……。道交法では歩行者との間隔を十分空けるように規定もされているのだし。

また前述のとおり、街路樹やその下の雑草が大きく道路側にはみ出したり、住宅の庭木が道路側に出ていたりで、実質的に道路幅が確保できていないところも散見されます。特に夏が近付いていて樹木や雑草が生い茂る時期になると、通行を邪魔するように道路上で元気に成長しています。自転車はおろかバイクも左端の走行は不可能で、どうしても車道中央側にはみ出して雑草を避けて通るしかありません。クルマも同様にセンターライン側に寄らざるを得ないのです。

　狭い日本の道路管理の問題かもしれませんが、警察のパトロールは頻繁に行われていて、道路上の雑草に気付かないはずはありませんよね。気付いたら直ちに警察側で対処できないなら自治体や除草業者に委託するなりして、うまく連携し、撤去するしくみがあってほしいものですが。自治体が行う街路の除草作業も個人の家の庭木の整備も、道路交通に大きく影響していることを意識して、もう少し管理を細やかにしてほしいと願うものです。

対向車が自転車を追い越す

クルマを走らせながら対向車線（右側）を見ていると、自転車が（左側通行で）こちらに向かって走ってくる。その後方にクルマが近付いている。このクルマ、どう動く？……と走りながら見ていると、こちらが普通に走っているにもかかわらず、センターラインを越えてこちらの車線側に出て自転車を追い越そうとする。あわてて、こちらがブレーキを踏んで、このはみ出してきた対向車を避けるしかない（急にハンドルで左側に避けると、歩行者や自転車に危険が及ぶのでかえって危険！）。

この対向車、自転車の後方で一旦速度を落として自転車の後ろにつくべきなのだが、無理やり追い越そうとしては、自転車との間隔を十分とれるはずもなく、自転車に対してもこちらのクルマに対しても危険を押し付けて……。

なぜかこういうケースに遭遇することが増えた気がします。自分と相手との速度の感覚が高齢のため（高齢者だけでないかも？）鈍ってきている証拠なのでしょうか。

「止まる（速度をゆるめる）」「待つ」ということができなくなっている一つの例です。

逆の立場でその場にいれば、そう思いませんか？

（※74頁〈自転車の追い越し算〉イラスト参照）

アクセルとブレーキ

高齢者がブレーキとアクセルを踏み間違えて事故を起こすケースが頻繁に報道されるようになりました。

そもそもオートマチック車なら、シフトレバーが「D」に入っていれば、ブレーキをかけない限りじわりじわりと駆動（前進）するもので、わざわざアクセルペダルを踏んで急発進する必要もありません。若い頃からこの原理を安全に使いこなしていれば、誤って急発進するようなことはないと思うのですが。

また、走行中にアクセルペダルを放せば、加速は止まってエンジンブレーキがかかって減速するもので、アクセルを放した右足を少しだけ（約10cm）左に動かせば、そこにはブレーキペダルがあって簡単にブレーキを踏めます。

加速する時や一定速度を保つ時以外は、常にブレーキペダルに右足を移しておくのが基本であると若い頃に教わったものです。この動作が習慣になっていないと、アクセルペダル側に不用意に右足をのせることが多いため、ブレーキと間違って思いっきり踏み込んで暴走させてしまうことがあるのでしょう。

常にブレーキペダルの上、加速の時だけアクセルペダル。若い時からこれを原則として習慣化しておけば、踏み間違えることなどないと思うのですが……。歳をとってから習慣を変えることは難しいかもしれませんね。

車間距離

運転免許をとって公道を走り始めると、自分が安心して走れる前のクルマとの距離というものが次第にできあがってきます。走行しているスピードにもよりますが、前を走るクルマのブレーキランプが点灯して止まるまでの動作に追従して、自分のクルマを余裕をもって止めることを何百回、何千回と経験して、自分なりの適正な距離を見出してきたと思います。そしてその適正な車間距離というのは、人によって大きく違うものではなく、多くの人にほぼ共通する距離になっていて、みんな違和感なく走ることができているのだと思います。したがって、いつも保っている車間距離というものは、年齢が高齢になってもほぼ変わるものではありません（走行スピードに応じて、車間距離は適切に変わるものですが）。

ところが、時々ルームミラーで後方を走るクルマを見ると、えらく接近してついて来るクルマがいます。若い人もいれば高齢のドライバーもいます。両者とも保つべき車間距離の感覚が悪いとしか思えません。生活道路でもそう感じるクルマがありますが、生活道路では特に急停車する可能性も高く、スピードを出していなくても車間距離は余計に確保する必要があるのではないかと思います。

接近して走ってくるクルマがいる時は、早めにブレーキを踏むなどして、追突されるのを自分なりに回避してはいますが……。

ちなみに、生活道路を時速30㎞で走行しているとしたら、1秒で8.3ｍも進んでしまうので、うっかりよそ見もできないくらい緊張して走る必要があります。これが高速道路を時速１００㎞で走行していて1秒間ボ～ッとしたら約28ｍも走ってしまいます。クルマだけの道路だから生活道路とは環境も緊張感も違いますが、高速道路には高速道路なりのルールもあるので、気を付ける車間距離のポイントも大きく違います。

視力が落ちて前を走るクルマがよく見えないから接近しているのかと思ったりしますが、視力の問題なら免許の更新はできないはずです。結局、若い時からの自分流の不適切な車間距離の習慣がついているから歳をとっても変わらず、しかも反応が鈍くなった年齢になっても車間距離は若い時のままになっているので、だんだん危険度が高まっています。安全な適正距離を若い時に見つけておくことは非常に重要です。

ウインカー

①ウインカーの意味

　走行しているクルマから発信できる重要なコミュニケーションツールがウインカーでしょう。もちろん対向車なら車内から手で合図したり、頭を下げて挨拶したりすることも可能ですが、それは接近して車内が確認できる場合に限られます。でもちょっとした挨拶すらできない人間も増えてきました。窓を真っ黒くシールドして見えにくくしているクルマ（濃さによっては違法）が存在するのには驚きますが、「私はコミュニケーションがとれません」というステッカーを貼って走っているように見えます。

　ところでその重要なウインカーですが、こんなこともありました。

前を走るクルマが交差点に近付いてもウインカーが出ていないので直進するものと思ってアクセルを踏んでいたら、急にブレーキランプが点灯して、どうしたのかとヒヤリ・ハットしてしまう。すると、クルマが曲がり始めると同時にウインカーを出す。あわててこちらはブレーキを踏む。

――意思表示を早く周りに知らせることがウインカーの目的なのに、ハンドルを回す時に「ついでに出す」が目的になってしまって、ウインカー自体の意味を理解していないわけです。

交差点が近付き、あそこで曲がるんだと思った瞬間にウインカーを出せばいいものを、まだまだなどとと思ったのか、直前まで待つから出すタイミングが遅くなるのです。こういう人は最悪の場合、ついにウインカーを出すことを忘れてハンドルだけ回してしまいます。

早く出して早く知らせることは何の問題もないはず。高齢者となっても、運転しているのだから曲がる場所がわからなくなることはなく、あそこで曲がろうと思った瞬間にウインカーを出す余裕と習慣があればいいのですが……。

特に生活道路で、最後までウインカーを出すことなく曲がるケースを多く見かけるようになりました。若い時からの習慣は、高齢になってから直ることはなく、むしろ高齢化でウインカーの「出し遅れ」から「出し忘れ」が始まっていくのかもしれません。

また最近、クルマの前後ではなく斜めからクルマを見ていると、ウインカーの点滅が見えにくいクルマが増えた印象があります。構造上の問題なのでしょうが、クルマの360度、周りから見て曲がる・曲がらないを的確に判断できるように改善しておいてもらいたいものです。

②車線を変更する

片側二車線以上ある幹線道路や高速道路では、ドライバーは必要な時（どういう時が必要な時かは別として）に車線変更して、スムーズな走行を維持しようとするので、ウインカーは重要なコミュニケーション機能を果たします。

単純に言えば、左（または右）ウインカーを出して周りを走るクルマに視認してもらってから空いている車線へハンドルをきって移って行くだけなのですが、よく見かけるのが前を走るクルマがウインカーを出した！　と思った次の瞬間、車線を変更しています。周りはヒヤリ・ハットしてアクセルペダルから足を離し、ブレーキを踏む……。ここで驚いた途端にハンドルを少しでも動かしてしまうと、高速で走っている場合、クルマは大きく動いて事故のもとになってしまいますが、高齢の皆様は大丈夫でしょうか。

「ミラーで後方を確認しているのか！」と叫びたくなる瞬間ですが、なぜ早くからウインカーを出せないのでしょう？　或いはしばらく車線変更をせずに「待つ」ということができないのでしょうか？　わずか3秒でも早くウインカーを出していれば、周辺を走るクルマのドライバーからも視認できて、アクセルペダルをゆるめるとかブレーキペダルに右足を移すとか構えてもらって、当該車の車線変更をスムーズにサポートしてもらうこともできるのですが。

ウインカーを出すタイミングの問題だけではなく、車線変更では多くの場合、前後左右にクルマが走っています。それらのどこに安全に入っていくのか、そこが運転技術を要するところです。前後の車間距離が十分でないところに入ろうとするのはまず論外。ウインカーを出して、前ではなく後ろを走るクルマに十分認識してもらってから移動していくことになるのですが、入るスペースをしっかり確保できることが安全の最低条件です。

筆者が教わったテクニックの一つは、後方のクルマがルームミラーに映ったらそのクルマの前に入ってもよいと聞いていたので、今でもそれを確認してからハンドルをきっています。高速で走るクルマを前方の左右・後方の左右を見ながらコントロールするのはかなり高度なテクニックで、若い時から練習してやっと自分なりのタイミングを習得していくものですが、その技術を習得しないまま高齢になったら……この「早曲がり」習慣は、まさに運転技術の未熟さ、余裕のなさの象徴です。無理して車線変更せず、まっすぐゆっくり走りましょう。

③右折・左折

幹線道路から狭い生活道路に右折・左折して入って行く場合や、広い道路でも脇の歩道や縁石を踏まないように過剰に意識して曲がっていく場合など、左折の前に右側にふくらむ、右折の前に左側にふくらんでから曲がっていくドライバーを見かけます。

歩行者や自転車、バイクを巻き込まないように注意して曲がるのはもちろんですが、曲がる方向とは反対側にふくらんでから曲がるという、クルマの動きに無頓着なドライバーに安全意識はあるのか！　と問いたいものです。この国の狭い道路なのだから、狭い交差点で、ウインカーを出して意思表示している方向と少しでも違う方向へクルマを動かせば、そのふくらんだ瞬間に接触してしまう恐れがあります。

このふくらませて曲がる人は明らかに習慣なのでしょうが、間違って習慣化したものは高齢になってから直るものではありません。自分のクルマを的確・安全にコントロールできない運転技術の未熟さに早く気付いて、若いうちから努力して修正しておくべきなのですが、修正する意思なく高齢になるまでそのままでは、いつか事故を起こしてしまうでしょう。若い時から安全な運転方法を身につけておくことがどれだけ大切なものか……しみじみと考えます。

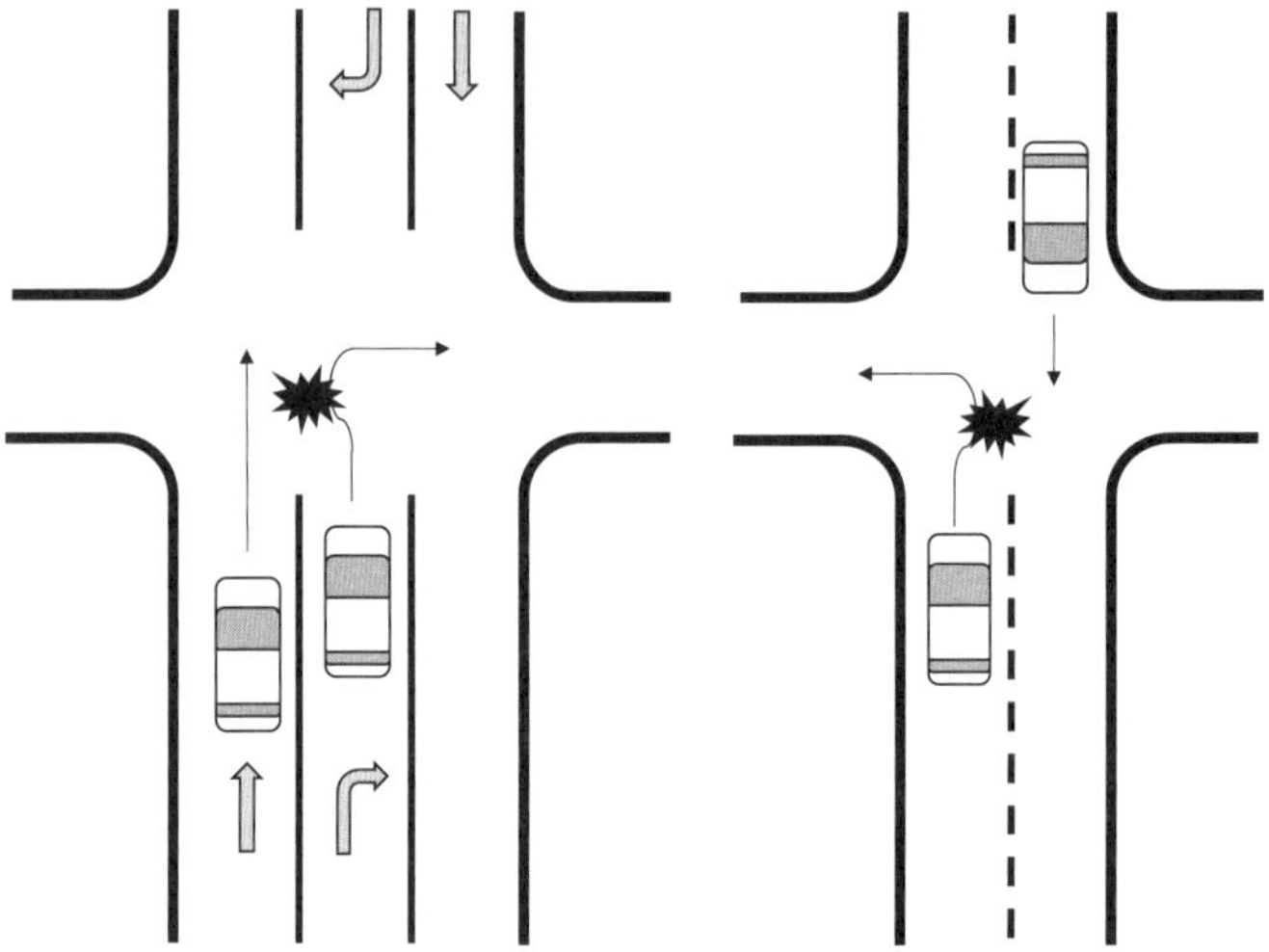

右折・左折時の接触

　一方で、例えば左折する場合、自分のクルマの左側後輪がどういう軌跡を描いて曲がっていくのかわかっていない人がいます。左側の歩道上で信号待ちしている歩行者や角に立ち止まっている人に、接近し過ぎてヒヤリ・ハットさせながら通過していくのを見かけることがあります。

　左後輪が通過していく軌跡は、左前輪の通過軌跡よりクルマの外側にあって、見かけ上、クルマは左に寄りながら通過していきます（これが内輪差）。

　右折の場合は左折の逆で、右側に寄りながら通過するため、角で立ち止まっている歩行者には脅威に映ります。

いずれの場合も、この内輪差を知って右折・左折する必要がありますが、前述のように過剰に意識すると、曲がる方向と逆の方向にふくらんでしまうので注意が必要です。高齢化してからでは、その内輪差の感覚をつかむのは難しいでしょう。

クルマの存在を示すライト

夜間にライトを点けるのは当たり前ですが、夕方（薄暮時）の見えづらい時間帯でも点けない人、夜間でも点け忘れて走っている人が最近目につくようになりました。これも高齢化の影響かもしれません。

筆者の母親は、トンネルに入っても、夕方（日没）になっても、「目がいいからライトを点けなくても見えるのよ」と自慢気に話していたのに対して、筆者は毎回のように「ライトは相手に見てもらうために点ける意味があるんだ」と説得していた記憶があります。頑固な母親は、それでも目を凝らして前を見て運転し、ライトはギリギリまで点けませんでした。

先の項でも書きましたが、交差点にあるカーブミラーには黒っぽいクルマは見えづらいものですが、夕方になるとますますクルマは確認しにくくなります。早めにライトを点灯させて自分の走っている存在をアピールした方が、自分の安全のため、周りの歩行者や自転車の安全のために有効です。

また、今では商店でもガソリンスタンドでもコンビニでも駐車場は夜間でも明るく、クルマに乗ってスタートする時に昼間と錯覚してライトの点灯を忘れているのではないかと想像します。そのまま道路に出ても、街路灯が明るくてライトを点けないまま走っているのでしょう（自動点灯機能を使っていれば安心ですが）。最近のクルマはスピードメーターなど計器類のディスプレイが昼間から明るく表示されていて、昔のようにライトと連動していないことも点け忘れの要因の一つでしょう。

街路を歩く高齢者は、クルマの音が聞こえなくても、ライトでクルマが前から後ろから近付いてきたのが容易にわかるので、とにかく早めの点灯を心掛けたいものです。

止まれない人、待てない人

世の中には「ちょっと止まればいいのに」とか「ちょっと待てばいいのに」と、他人の行動を冷静に見ることができる人は多いのに、クルマに乗ってハンドルを握ると「止まれない」「待てない」人間に変わってしまう人も多いように思います。

アクセルペダルを3秒だけ放せば、少しブレーキがかかってスムーズに相互通行できたり、信号機が黄色に変わるタイミングでアクセルを踏み込まず、潔く停止して30秒程度待てば安全に通過できるとか、脇道から本線に出る時、このクルマが通過したら後ろには何も来ないのにわざわざ走ってくるクルマの前に無理やり出てしまうとか、ほんのちょっと止まる、待つだけで危険を回避できることが何と多いことか。

「止まる」「待つ」は訓練で直せるはずなので、それこそ幼児、小学生の頃から安全のために習慣化しておくことが大事だと思います。

同じように、サイレンを鳴らしながら緊急自動車が近付いてきた時、傍らに寄って停車して緊急自動車を先に行かせるまで待つことのできないドライバーが目立ちます。前方後方を全く見ていないのか、車外の音を聞いていないのか（最近のクルマは車内の静粛性を追求するあまり、車外の音を聞き取りづらくしているのではないか？）、或いは車内でオーディオの音量を上げて自分だけの世界に浸っているのか、緊急自動車が近付いても停車どころか、道を空けることすらしないクルマも見かけるようになりました。あの救急車にはたぶん高齢の病人が乗っているのではないか……と心配しながら自分のクルマを停車させて、急ぐ救急車を見送ります。余裕をもって、のんびりとした人生の方が気持ちいいでしょう。

運転中は車外から聞こえる様々な音にも注意し、前方だけでなくルームミラーで頻繁に後方確認もしながら安全にクルマを走らせたいものです。そして必要に応じて、左右に少しだけ寄ったり、徐行したり、停車したりと、視覚・聴覚をフル活用する、若い頃から当たり前のようにやってきたはずの習慣があれば、高齢になっても無理なく振る舞えるはずです。

ついでに生活道路でよく見かける「止まれ」の標識。意味するところは、「クルマを完全に停止させて、左右前方を確認せよ」ということなのですが、この「クルマを完全に停止」というのが肝心なところ。生活道路を歩いていると、大半のドライバーは確かに停止して十分に左右確認している……いや、実は慎重に身を乗り出して左右確認しているのですが、クルマの車輪は停止していません。車輪をロックしなければ、「一時停止違反」として検挙されます。警察官に見つかればの話ですが……。

警察の取り締まりによる検挙件数（年間600万件以上）のうち、「一時不停止」違反で検挙された件数が一番多く（生活道路内に警察官が立っているだけで、次々と違反車両が見つかるのでしょうが）、年間150万件以上の人が検挙されています。「止まれ」で左右確認する程度ではダメで、とにかく車輪を一旦停止させて安全確認せよという指導です。生活道路を走るなら、標識に従って止まって止まって止まりまくるくらいの意識が重要です。自転車も車両なので、絶対止まること。こうしてもらうと、高齢者も子供も安心して道を歩けることでしょう。

まとめ

高齢者の運転技能の低下を自分で確認するチェックポイントがテレビの番組で紹介されていたので参考に記述します（２０２１年11月18日　テレビ朝日「モーニングショー」から）。

①車庫入れを失敗する
②ウインカーを出し忘れる
③カーブをスムーズに曲がれない
④標識を見逃す
⑤逆走しそうになる
⑥同じ交通違反を繰り返す

これまで述べてきた要素も含まれていて、自分でチェックできる内容なので、高齢になった人だけでなくても繰り返し確認してみましょう。その上で該当する項目が複数になったら、自分で修正を試みてみましょう。

以前は修正できていたけど最近どうも気になるという時には、免許返納なども考えていくべきでしょう。周囲の人に相談したら、中には忖度して「まだまだ大丈夫ですよ」と本心にもないことを無責任に言う人がいるものなので、あくまでシビアなご判断を。

5

未来への期待

高齢化社会で

高齢が原因で高齢者が引き起こす交通トラブルは、既に高齢になった人たちの問題というより、これから高齢になっていく若者も含めた国民全体の問題でもあると考えています。

今、高齢者に対して、危ないからああしろ、こうしろと言っても、人の言うことを素直に聞く老人は少ないでしょう。仮に素直に聞いたとしても、なかなか実践するまでは期待できないのでは。自分の身が危険であっても、自分はこうやって無事に切り抜けてきたのだという「間違った自信」を持っているように見えます。無事だったのは、たまたま周りの人が気を付けて守ってくれたから、または運がよかっただけというこことに気付いていないからなのでしょう。そして、小さい頃、若い頃にできていなかったこと、やってこなかったことが、年をとってからできるようになる（改善される）はずもありません。

高齢者に言っても理解もされないし、改善も期待できない。ではどうするか――。

今現在、若くて人の言うことを理解できて、改善できる人たちに、少しでも安全な方向にマナーを変えてもらう努力が社会的に必要でしょう。若い間によい習慣を身に付けてもらっていたら、その人たちが高齢者になった時（20～30年後）でも安全な行動ができて、社会全体が安心を維持できるはずだと思います。

では、既に高齢になってしまった我々はどうするか？

周りに危険はいっぱいあって、近い将来にも改善されないとしたら、まずは高齢者自身が自分で注意して行動するしかないのではないでしょうか。社会全体が長寿化してしまった代償と割り切って、市民の中の一高齢者として責任を果たしていくしかないでしょう。

人生１００年時代、企業の就業も70歳まで延長の方向で、65歳になっても70歳になっても、元気に活躍できる人は増えているし、長い人生の貴重な経験やスキルを活かせる人はますます社会に貢献できるでしょう。

一方で、高齢化に伴って体力・気力がどんどん減退していく人、運動能力・運転能力も落ちてくる人もいるでしょう。高齢化して様々な機能が劣っていくことは一般的に知られており、本人も「老い」を自覚していくことになります。そう自覚し始めた時、生活をどうするか、運転をどうするか、悩ましいことですが、対策を考えないわけにはいきません。特に運転は、自分だけでなく周りの人も巻き込む、安全・安心に直結する問題なので、真剣に対策を考えておく必要があるでしょう。

幸い、運転に関しては「衰え」を科学的に評価するしくみが確立されつつあって、2022年5月から高齢者の運転免許更新の際に運転技能検査が導入されました。不適格者の運転免許をはく奪する制度ですが、これも社会全体の安全・安心のためには必要なしくみなのでしょう。

高齢者本人も、自分の身体能力を客観的に見て、右足が機敏に動かず杖を使って歩いているような人が、クルマの運転を安全にできるはずもありません。アクセル・ブレーキのフットワークは、ハンドル操作と同じくらい重要なので、早く自分で運転を辞退するくらいの冷静かつ勇気ある判断をすべきでしょう。

クルマの自動運転について

一方で、もしかしたら高齢者にとって期待が持てるかもしれないニュースとして、クルマの自動運転技術の進展があります。ドライバーの目の代わりにクルマに様々なセンサーを搭載して、前後左右を常時確認しながら自動でクルマの走行を制御してくれるしくみですが、危険を察知したらクルマを止めるとか、ハンドル操作して危険を回避するとか、基本的にクルマのための技術です。さらにクルマに高度な機能を搭載するだけでなく、道路側（道路や周辺のビルや信号機など）にも交通状況をモニターする各種センサーが設置され、クルマ側と通信しながら自動運転をサポートするしくみも研究されています。これによって事故の発生を直前に回避し、安全を確保してくれます。

これらの自動運転技術は、まず高価なクルマに搭載されて、搭載したクルマの安全は確保されるような時代が始まろうとしていますが、歩行者側の安全・安心はどこまで確保されるでしょうか？　運転する立場からは確かに変わるものがあるでしょうが、歩行者側から見てみると、当分の間（たぶん10年、20年の単位で）はほんのわずかのクルマが危険を回避してくれるだけで、街中を走っているクルマの多くは依然として人間が自分の判断で運転していることでしょう。

自動運転を実現する人工知能（ＡＩ）がどこまでサポートしてくれるのかもわかりません。

例えば、横断歩道のないところで、ある人が道路を渡ろうとしている。いや、キョロキョロしながら歩いているだけ？　いや、クルマがいなければ渡るかもしれない。渡るのか渡らないのか。一応アクセルペダルから右足を離し、その右足を左へ10cmほど動かしてブレーキペダルの上に置き停止して渡らせてあげるか。徐行しながら（様子を見ながら）止まらず通過するか？

人間ならいろいろ考えながら判断していきます。こんなアナログ的な芸当以上のことがＡＩにできるようになるのでしょうか？　ＡＩ機能の高度化に大いに期待するところです。

もし、自動運転機能で歩行者にぶちあたる前に止まればいい、接触しなければいいと判断しているようなら、歩行者に対してはギリギリ直前で止まるか、スレスレで接触回避してすり抜けて行くということになるかもしれません。この場合、歩行者が感じる恐怖はただごとではありません。つまり、この程度の機能では歩行者が「安心」して歩けるとは言えないでしょう。

クルマ以外への対策は？

クルマ単体を対象にした安全装備の高度化は、これまでも少しずつ進展してきているように思いますが、並行して歩行者側に装備できる安全装置みたいなものはできないものでしょうか？（これはもうＳＦの世界の話になるかもしれませんが）

歩いている高齢者に、クルマや自転車が近付いていることを知らせる音声とかバイブレーション機能とか、既にクルマのナビが実現している「事故多発地点です」「横断歩道があります」などの情報を歩行者の持ち物（腕時計やベルト、カバンなど）で知らせる機能とか、歩行者側に注意を喚起する機能とか、そのようなものがあってよいのかもしれません。

まあ、あまり夢のようなことを考える前に、安全教育の徹底や運転技術向上訓練、法規違反の防止策、道路上のハンプの設置、雑草など障害物の除去など、簡単にできるものをすぐにやってほしいものです。

いつの間にか世の中の報道では、自動運転機能開発の話題が薄れて、今や脱炭素を目的にＥＶ（電気自動車）開発の話題ばかりになった感があり、いつになったら安心して街の中を歩ける時代が来るのか本当に不透明になっています。

そのような状況下ですが、高齢者は日々、この国、この街、この道路上で生活していく必要があります。事故に遭ったり、ヒヤリ・ハットしたりすることなく、安心して暮らしていくために……我々高齢者は若い時のように、がむしゃらに、時間を惜しんで、何かに打ち込む、バタバタ急ぐなどの必要はないのだと割り切って、安全を最優先にしてゆっくり歩く、止まる、待つに徹した生活をやっていこうではありませんか。遅れて困るのなら、早め早めに行動を開始してゆっくり動くようにしましょう。そして、周りの若い人たちもそういう高齢者たちをゆったりと大きな気持ちで見守ってくれるとありがたいと思います。

あとがき

この国が便利なクルマ社会になってからわずか数十年ですが、この便利さを享受しつつも、人間の方はいずれみんな高齢者になっていくのです。クルマ社会が始まった当初から、人間の安全を求め続けてきましたが、なかなか完璧な安心を得る環境まで到達できず、次の世代へ期待ごと引き継がれていきます。

本書は、高齢になってから、「あれをやれ」「これはやるな」などいろいろ言われても、残念ながら多くの場合は「今さら言われても無理だ！」「私はこのやり方で問題なかった！」と返す高齢者側の問題ではなく、若いうちからとにかく安心・安全ということを繰り返し教育し、習慣化することの重要性を述べてきたつもりです。

また、安心・安全の教育は、なぜそうすべきなのか、なぜそうすれば安全なのか、きちんと根拠を示して納得してもらって初めて、ルールに従うことができるようになると考えています。ルールを守ることが目的ではなく、あくまで安全が目的であるということを忘れないように。

本書で取り上げた事例はほんのわずかですが、高齢者一年生の一人として筆者が実際に体験して安心できないと感じたことや、ある時には恐怖に感じたことなどから、何とかならないかといろいろ思いを巡らせたものです。「無法地帯のようだ」と書いた道路、歩行者、自転車、クルマ、他にもいろいろ……を取り巻く交通環境の問題が数多く発生していて、個々のケースごとに適切に対処していかないと、ますますひどい結果を引き起こしかねません。

ＡＩや自動運転の技術開発はさらに進んでいくものと期待していますが、この国のすべての街の中で完璧に実現されるのはずっと先の話でしょう。また、現在の自動運転はクルマの側が中心で、歩行者側から見た「安心」についての論議はしているのでしょうか？　高齢者が迫り来るクルマに腰を抜かすことのないよう、少しも恐怖を感じさせないで避けてくれるような安全装備を是非実現してもらいたいものです。

残念ながら、筆者はバイクに乗らないので、それに関する記述はほとんどできませんでした。しかし、クルマの仲間と考えれば、発生している事象も対処すべきことも同じだろうと思います。参考にして頂ければ幸いです。

初めての出版にあたって、まず内容に関心を持ってくださった文芸社、そして細かい編集作業に尽力いただいたスタッフに深く感謝を申し上げます。また、本書執筆に際して大いに参考となった自動車部時代の先輩方の適切な指導にも感謝します。

どうもありがとうございます。

2023年3月

原 正則

著者プロフィール

原 正則（はら まさのり）

1956年生まれ
愛媛県出身
学生時代に自動車部に所属し、学生ラリーやフィギア競技へ参加
上級生から運転技術や安全な公道走行の徹底した指導を受けた
1994年から現さいたま市在住

高齢者の交通戦争

2023年５月15日　初版第１刷発行

著　者　原 正則
発行者　瓜谷 綱延
発行所　株式会社文芸社
〒160-0022　東京都新宿区新宿1－10－1
電話　03-5369-3060（代表）
03-5369-2299（販売）

印刷所　株式会社フクイン

ISBN978-4-286-24128-9